受湖北民族大学鄂西生态文化旅游研究中心资助及湖北

乡村振兴与新型职业农民培育

Rural Revitalization and Cultivation of New Professional Farmers

曹　骞　孙江艳／著

经济管理出版社
ECONOMY & MANAGEMENT PUBLISHING HOUSE

图书在版编目（CIP）数据

乡村振兴与新型职业农民培育/曹骞，孙江艳著 . —北京：经济管理出版社，2021.5
ISBN 978 - 7 - 5096 - 7807 - 7

Ⅰ.①乡…　Ⅱ.①曹…　②孙…　Ⅲ.①农村—社会主义建设—研究—中国 ②农民教育—职业教育—研究—中国　Ⅳ.①F320.3 ②G725

中国版本图书馆 CIP 数据核字（2021）第 038456 号

组稿编辑：王格格
责任编辑：梁植睿
责任印制：黄章平
责任校对：王淑卿

出版发行：经济管理出版社
　　　　　（北京市海淀区北蜂窝 8 号中雅大厦 A 座 11 层　　100038）
网　　　址：www. E - mp. com. cn
电　　　话：（010）51915602
印　　　刷：唐山玺诚印务有限公司
经　　　销：新华书店
开　　　本：720mm×1000mm/16
印　　　张：14. 25
字　　　数：181 千字
版　　　次：2021 年 5 月第 1 版　　2021 年 5 月第 1 次印刷
书　　　号：ISBN 978 - 7 - 5096 - 7807 - 7
定　　　价：88.00 元

前　言

　　"三农"工作始终是党中央治国理政的头等大事。近年来，随着新型城镇化的迅速推进，农村大量青壮年劳动力涌入城市，农村"空心化"、宅基地及房屋"闲置化"、留守农民"老龄化"、农业承包地"抛荒化"等问题逐渐凸显，广大农村地区面临着"谁来种地、如何种好地"的严峻挑战。习近平总书记指出，"中国要强，农业必须强；中国要美，农村必须美；中国要富，农民必须富"。同时强调，"任何时候都不能忽视农业、不能忘记农民、不能淡漠农村"。"三个必须"以及"三个不能"体现了以习近平总书记为核心的党中央对"三农"问题的高度关切。"三农"问题是关系中国特色社会主义事业发展的根本性问题，是关系我党巩固执政基础的全局性问题。在"三农"问题中，农民是核心，农村是根本，农业是基础。习近平总书记在党的十九大报告中强调，"三农"问题是关系国计民生的根本性问题，必须始终把解决好"三农"问题作为全党工作的重中之重，并且明确提出实施乡村振兴战略。坚持农业农村优先发展，按照产业兴旺、生态宜居、乡风文明、治理有效、生活富裕的总要求，建立健全城乡融合发展体制机制和政策体系，统筹推进农村经济建设、政治建设、文化建设、社会建设、生态文明建设和党的建设，积极推进乡村治理体系以及治理能力现代化，加快推进农业农村现代化，走中国特色社会主义乡村振兴道路。

乡村振兴，关键在人。人才是乡村振兴的关键因素，如果没有人才作为支撑，乡村振兴只能是一句空话，乡村建设也会变成"空中楼阁"。乡村人才振兴的关键因素是吸引更多"有文化、懂技术、会经营"的年轻人从事农业生产，并把农业生产作为终身职业，让更多优秀的人才"愿意来、留得住、干得好"。促进人才要素在城乡之间双向自由流动，让农民真正成为有吸引力的职业，让农业成为有奔头的产业，让农村成为安居乐业的美好家园，为农业农村现代化建设提供坚实的人力支撑和基础保障。2012 年的中央一号文件首次明确提出，要大力培育新型职业农民。随后，2013～2020 年的中央一号文件都陆续明确提出并强调，积极发展农业职业教育，大力培养新型职业农民。由此可见，大力培育新型职业农民是乡村振兴的重要基础性工作，如何科学地推进实施乡村振兴战略，做好乡村振兴与巩固脱贫攻坚成果的有效衔接，如何有效培养更多"爱农业、懂技术、善经营"的新型职业农民，是时代赋予理论界与实践界的一道道新考题。本书基于以上两条逻辑主线对乡村振兴与新型职业农民培育的逻辑机理问题进行了深入的思考和探索。本书共分为七章：

第一章，阐述了乡村振兴与新型职业农民培育的提出背景、国内外发展趋势以及逻辑机理。首先，阐述了乡村振兴与新型职业农民培育的提出背景，剖析了由于近年来新型城镇化的快速推进，"三农"问题日益凸显，解决好"三农"问题成为全党工作的重中之重，实施乡村振兴战略被提上议事日程，而乡村振兴，关键在人，大力培育"爱农业、懂技术、善经营"的新型职业农民是乡村振兴的重要基础性工作。其次，探讨了乡村振兴与新型职业农民培育的国内外发展趋势。关于乡村振兴的国内发展趋势方面，系统分析了乡村产业振兴、乡村治理振兴、乡村文化振兴、乡村人才振兴以及乡村振兴的模式等最新的理论与实践发展趋势。关于乡村振兴的国外发展趋势方面，国外学者对乡村振兴中乡村经济和可持续发展关注较多。另外，关于日本的造村运动和韩国的新村运动的探索研究较多，两者已成为国际上乡村振兴学习实践和经验借鉴的典型案例。关于新型职业农民培育的国内发展趋势方面，系统分析了新型职业农民的发展趋势，对其培育的重要性、对象、影响因素以及实践模式等进行了探索。关于新型职业农民培育的国外发展趋势方面，探讨了国外职业农民培育的战略意义、实践模式以及现实困境。最后，论述了乡村振兴与新型职业农民培育的内在逻辑机理，即新型职业农民培育给乡村振兴战略提供人才支撑，而乡村振兴战略又为新型职业农民培育提供了发展平台。在人才振兴的视角下，乡村振兴与新型职业农民培育存在多重价值目标耦合关系，两者相辅相成，共同促进农村农业的协调发展，推动新型职业农民培育与乡村振兴之间的双向良性互动，不断创新发展乡村人才治理体系。

第二章，探讨了乡村振兴的现实需要。首先，分析了乡村振兴的战略意义，提出了乡村振兴有利于逐步缩小城乡差距，全面建成小康社会；有利于扩大农村发展空间，推动农业农村现代化；有利于巩固农业基础地位，促进经济可持续发展；有利于满足人民生活需求，努力增强人民幸福感。其次，剖析了乡村振兴的五大现实挑战：挑战一，产品同质化竞争加强，如何规避产业的趋同化？挑战二，乡村振兴，人才是关键，如何突破人才短缺瓶颈？挑战三，生态系统破坏较严重，如何整治环境污染问题？挑战四，传统文化破坏较严重，如何保护乡村传统文化？挑战五，农村基层具有复杂性，如何加强基层组织建设？最后，构建了乡村振兴的保障机制，即坚持党的全面领导，建立实施领导责任制度；优化乡村人才结构，构建乡村人才振兴体系；

深化农村土地改革，建立土地资源配置机制；坚持农业优先发展，建立涉农资金保障机制；强化科技支撑作用，健全基层农技推广体系；强化目标任务考核，优化战略监督考核机制。

第三章，对恩施州乡村振兴的实践进行探索。首先，分析了湖北省恩施土家族苗族自治州（以下简称恩施州）乡村振兴的基础条件，即农业农村经济发展良好、脱贫攻坚取得重大成果、产业化水平实现大提升、农业科技水平显著提升、农村人居环境逐步改观、美丽乡村建设持续推进。其次，利用"SWOT"分析法从四个方面对恩施州乡村振兴的发展环境进行了深入分析。再次，探讨了恩施州乡村振兴的五大实践路径：即实施乡村产业振兴战略，壮大特色产业规模；实施乡村人才振兴战略，构建人才支撑体系；实施乡村文化振兴战略，繁荣发展民族文化；实施乡村生态振兴战略，建设生态宜居家园；实施乡村组织振兴战略，构建乡村治理体系。最后，构建了恩施州乡村振兴的保障体系，即加强组织领导，强化组织保障作用；创新制度供给，推动制度体系建设；营造良好氛围，提高项目运行效率；加强工作协调，搭建社会参与平台；保障项目落实，优化项目监管机制。

第四章，探讨了新型职业农民培育的现实需要。首先，分析了新型职业农民的基本特征，并且与传统农民进行了系统的比较分析。其次，评价了新型职业农民培育的战略意义，即有助于构建新型农业生产经营体系，有助于完善乡村人才队伍的建设，有助于实现农业农村现代化发展，有助于确保重要农产品有效供给，有助于推进现代农业的转型升级。再次，剖析了新型职业农民培育存在的部分现实问题，即新型职业农民培育对象素养较低、新型职业农民培育体系较不健全、新型职业农民培育管理比较粗放。最后，探索了新型职业农民培育的保障机制，即加强组织领导，规范项目实施；扩大培育覆盖，重视全面发展；加强宣传引导，强化区域合作；加强队伍管理，做好延伸服务；强化资金管理，确保资金效用；加强监管考核，建立评价机制。

第五章，总结梳理了国内外新型职业农民培育的实践模式。首先，梳理了新型职业农民培育的国内模式，系统总结提炼为"七大模式"，即新型职业农民培育的河北模式、宜昌模式、大理模式、玛纳斯模式、互助模式、大观模式、临沂模式。其次，分析了发达国家新型职业农民培育的创新实践模式，主要梳理了美国模式、日韩模式、荷兰模式、德国模式。最后，评述了新型职业农民培育的国内外实践模式：一方面，对国外新型职业农民培育进行客观述评；另一方面，系统总结国外新型职业农民培育对中国的启示，即健全培育体系是基础、强化培训标准是保障、完善培育体制是核心、创新培育模式是关键、加大培育投入是根本。

第六章，阐述了乡村振兴视阈下新型职业农民培育实践。首先，分析了恩施州新型职业农民培育的基本现状，归纳总结为：完善了新型职业农民培育认定工作；确定了新型职业农民培育机构及计划；提升了新型职业农民培训质量及效益；完善了新型职业农民培育服务机制；强化了新型职业农民的创新创业引导。其次，探讨了恩施州新型职业农民培育的模式经验，总结为：一是落实"四个到位"，加强组织领导；二是注重"六个环节"，提升培育质效；三是强化"三个结合"，打造培育特色。再次，剖析了恩施州新型职业农民培育的主要问题，即新型职业农民培训保障经费不足、新型职业农民培养力度相对较弱、新型职业农民培育师资力量薄弱、新型职业农民培训基地建设滞后。最后，建立健全了恩施州新型职业农民培育的保障机制：一是健全完善培育体系，加大培养力度；二是优化农村工作环境，发挥带动作用；三是建立专业师资队伍，保障培训质量；四是推进培训基地遴选，推动项目实施；五是着力培植示范典型，抓好跟踪服务；六是着力出台人才政策，强化人才激励。

第七章对全书进行总结，并提出研究展望。

综上所述，本书较好地分析和回答了"谁来种地、如何种好地"等现实问题，有利于破解"三农"难题，有利于科学推进乡村振兴战略实施，做好乡村振兴与巩固脱贫攻坚成果的有效衔接，有利于培养更多"爱农业、懂技术、善经营"的新型职业农民，加快推进农业农村现代化，走中国特色社会主义乡村振兴道路。

目　录

第一章
乡村振兴与新型职业农民培育概述

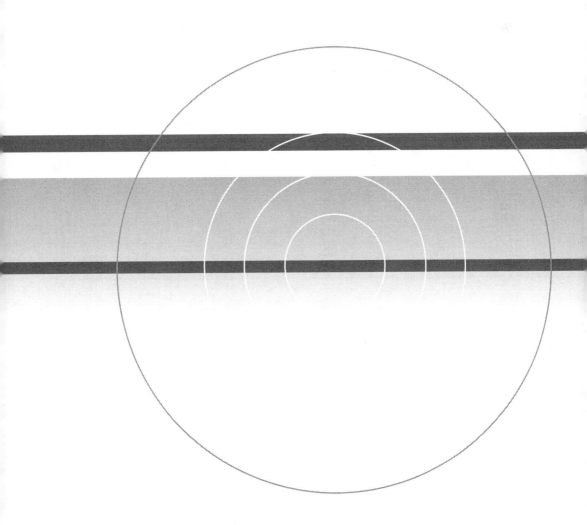

第一节 乡村振兴与新型职业农民培育背景

"三农"工作始终是党中央治国理政的头等大事，而在"三农"问题中，农民是核心、农村是根本、农业是基础。党的十九大提出实施乡村振兴战略，坚持农业农村优先发展，确立了新时代"三农"工作的总抓手。乡村振兴，关键在人，大力培育新型职业农民是乡村振兴的重要基础性工作。[①] 如何科学实施推进乡村振兴战略，做好与巩固脱贫攻坚成果的有效衔接，如何有效培养更多"爱农业、懂技术、善经营"的新型职业农民，是时代赋予各地农业农村部门的一道道新考题。

一、乡村振兴战略的提出

实施乡村振兴战略是党的十九大作出的重大战略部署，是新时代做好"三农"工作的总抓手，是决胜全面建成小康社会、全面建设社会主义现代化国家的重大历史任务，是解决人民群众日益增长的美好生活需要和不平衡不充分的发展之间的矛盾、实现"两个一百年"奋斗目标的必然要求。

1. 乡村振兴战略的指导思想

2018 年中央一号文件《中共中央 国务院关于实施乡村振兴战略的意见》高屋建瓴地提出：全面贯彻党的十九大精神，以习近平新时代中国特色社会主义思想为指导，加强党对"三农"工作的领导，坚持稳中求进的工作总基

---

① 刘杰. 新型职业农民，怎么培育怎样成长［N］. 光明日报，2019 - 02 - 12.

调，牢固树立新发展理念，落实高质量发展要求，紧紧围绕统筹推进"五位一体"总体布局和协调推进"四个全面"战略布局，坚持把解决好"三农"问题作为全党工作的重中之重，坚持农业农村优先发展，按照产业兴旺、生态宜居、乡风文明、治理有效、生活富裕的总要求，建立健全城乡融合发展体制机制和政策体系，统筹推进农村经济建设、政治建设、文化建设、社会建设、生态文明建设和党的建设，加快推进乡村治理体系和治理能力现代化，加快推进农业农村现代化，走中国特色社会主义乡村振兴道路，让农业成为有奔头的产业，让农民成为有吸引力的职业，让农村成为安居乐业的美丽家园。

2. 乡村振兴战略的提出背景

"三农"问题是事关国计民生的重要政策议题，"农民真苦、农村真穷、农业真危险"曾是长期困扰我们的发展难题。据统计，自 2004 年开始，中央一号文件的主题几乎全都聚焦于"三农"问题，由此可见，中共中央、国务院始终高度重视"三农"工作问题，并且将"三农"工作提升到战略的高度。众所周知，在"三农"问题中，农民是核心，农村是根本，农业是基础。当前新常态之"新"，意味着不同以往，过去不可持续的粗放发展方式必须抛弃；新常态之"常"，意味着相对稳定，转变发展方式条件已经具备。对当前我国现代农业发展来说，无论是确保新常态下的粮食安全、把饭碗牢牢端在自己手上，还是巩固农业基础地位，把"粮袋子"变成"钱袋子"；无论是应对国际市场挑战、增强农业竞争力，还是突破资源环境约束、实现可持续发展等，都更加迫切需要向转变农业发展方式寻思路、找答案。① 党的十八大以来，面对我国经济发展进入新常态所带来的深刻变化，以习近平

---

① 经济日报评论员. 加快转变农业发展方式［N］. 经济日报, 2014 – 12 – 18.

总书记为核心的党中央大力推动"三农"工作理论创新、实践创新、制度创新，坚持把解决好"三农"问题作为全党工作的重中之重，切实把农业农村优先发展落到实处。"三农"工作如何适应经济发展新常态？如何迎接新挑战？需要做出新的战略抉择——实施乡村振兴战略。

习近平总书记在党的十九大报告中明确指出，农业农村农民问题是关系国计民生的根本性问题，必须始终把解决好"三农"问题作为全党工作的重中之重，明确提出实施乡村振兴战略。2017年底，中央针对"三农"工作连续作出重要部署与安排。2017年12月28~29日，中央农村工作会议在北京举行，会议全面分析了"三农"工作面临的新形势和新任务，系统研究了实施乡村振兴战略的重要政策部署，科学研究部署了2018年和今后一段时期的农业农村工作，随后，2018年的中央一号文件《中共中央 国务院关于实施乡村振兴战略的意见》对乡村振兴战略实施作出科学部署和安排，并且指出，坚持把解决好"三农"问题作为全党工作重中之重，坚持农业农村优先发展，加快推进乡村治理体系和治理能力现代化，加快推进农业农村现代化，走中国特色社会主义乡村振兴道路。2019年中央一号文件《中共中央 国务院关于坚持农业农村优先发展做好"三农"工作的若干意见》明确要求，做好脱贫攻坚与乡村振兴的衔接，对"摘帽"后的贫困县要通过实施乡村振兴战略巩固发展成果，接续推动经济社会发展和群众生活改善。在脱贫攻坚战决胜收官的关键时期，中共中央对乡村振兴战略实施作出新的部署，2020年的中央一号文件《中共中央 国务院关于抓好"三农"领域重点工作确保如期实现全面小康的意见》再次强调，研究建立解决相对贫困的长效机制，推动减贫战略和工作体系平稳转型。加强解决相对贫困问题顶层设计，纳入实施乡村振兴战略统筹安排，抓紧研究制定脱贫攻坚与实施乡村振兴战略有机衔接的意见。2017~2020年关于乡村振兴的政策梳理如表1-1所示。

表 1 - 1　2017～2020 年关于乡村振兴的政策梳理

时间	政策文件	文件内容
2017 年 10 月 18 日	党的十九大报告《决胜全面建成小康社会　夺取新时代中国特色社会主义伟大胜利》	实施乡村振兴战略。要坚持农业农村优先发展，按照产业兴旺、生态宜居、乡风文明、治理有效、生活富裕的总要求，建立健全城乡融合发展体制机制和政策体系，加快推进农业农村现代化。巩固和完善农村基本经营制度，深化农村土地制度改革，完善承包地"三权"分置制度
2018 年 2 月 5 日	2018 年中央一号文件《中共中央　国务院关于实施乡村振兴战略的意见》	坚持把解决好"三农"问题作为全党工作重中之重，坚持农业农村优先发展，加快推进乡村治理体系和治理能力现代化，加快推进农业农村现代化，走中国特色社会主义乡村振兴道路
2019 年 2 月 20 日	2019 年中央一号文件《中共中央　国务院关于坚持农业农村优先发展做好"三农"工作的若干意见》	做好脱贫攻坚与乡村振兴的衔接，对"摘帽"后的贫困县要通过实施乡村振兴战略巩固发展成果，接续推动经济社会发展和群众生活改善
2020 年 3 月 11 日	2020 年中央一号文件《中共中央　国务院关于抓好"三农"领域重点工作确保如期实现全面小康的意见》	要研究建立解决相对贫困的长效机制，推动减贫战略和工作体系平稳转型。加强解决相对贫困问题顶层设计，纳入实施乡村振兴战略统筹安排。抓紧研究制定脱贫攻坚与实施乡村振兴战略有机衔接的意见

资料来源：根据政策文件资料整理而得。

3. 乡村振兴战略的机遇与挑战

2013 年中央农村工作会议上，习近平总书记提出，"中国要强，农业必须强；中国要美，农村必须美；中国要富，农民必须富"。"三个必须"是习近平总书记"三农"情结的真切流露。习近平总书记强调，"三农"问题是关系中国特色社会主义事业发展的根本性问题，是关系我们党巩固执政基础的全局性问题，这是对"三农"工作基础性地位的总把握。①

当前，我国经济发展进入新常态，要深刻认识新常态下"三农"发展速度变化、结构优化、动力转换的新特点以及新趋势，全面把握新常态下的新机遇，积极应对新挑战，积极研究部署加强"三农"工作的新思路、新举措，继续强化农业的基础地位，促进农民持续增收，是破解"三农"问题的一个重大任务。只有积极主动适应经济新常态，科学应对新常态所带来的机遇与挑战，扬长避短、趋利避害，"三农"工作才能不断向前推进与发展，不断实现新突破、新辉煌。党的十八大以来，在以习近平总书记为核心的党中央的坚强领导下，坚持把解决好"三农"问题作为全党工作的重中之重，持续加大"强农、惠农、富农"政策支持力度，扎实推进农业农村现代化建设，全面深化农村改革，农业农村发展取得了历史性的成就，为党和国家事业的全面发展开创了新局面，提供了重要支撑和保障。实施乡村振兴战略，是党的十九大作出的重大决策部署，是决胜全面建成小康社会、全面建设社会主义现代化国家的重大历史任务，是新时代"三农"工作的总抓手。2018年的中央一号文件《中共中央　国务院关于实施乡村振兴战略的意见》强调，农业农村农民问题是关系国计民生的根本性问题。没有农业农村的现代化，就没有国家的现代化。当前，我国发展不平衡不充分问题在乡村最为突出，主要表现在：农产品阶段性供过于求和供给不足并存，农业供给质量亟待提高；农民适应生产力发展和市场竞争的能力不足，新型职业农民队伍建设亟须加强；农村基础设施和民生领域欠账较多，农村环境和生态问题比较突出，乡村发展整体水平亟待提升；国家支农体系相对薄弱，农村金融改革任务繁重，城乡之间要素合理流动机制亟待健全；农村基层党建存在薄弱环节，乡

---

① 韩长赋.新形势下推动"三农"发展的理论指南——深入学习领会习近平总书记"三农"思想〔J〕.农村工作通讯，2017（5）：5－7.

村治理体系和治理能力亟待强化。由此可见,当前我国农业农村底子薄、基础差、发展滞后的状况尚未根本改变,经济社会发展中最明显的短板仍然存在于"三农"问题之中,现代化建设中最薄弱的环节仍然是农业农村,乡村脱贫攻坚决战决胜的关键挑战仍然是农民。中共中央、国务院印发的《乡村振兴战略规划(2018-2022年)》明确指出:我国人民日益增长的美好生活需要和不平衡不充分的发展之间的矛盾在乡村最为突出,我国仍处于并将长期处于社会主义初级阶段的特征很大程度上表现在乡村。全面建成小康社会和全面建设社会主义现代化强国,最艰巨最繁重的任务在农村,最广泛最深厚的基础在农村,最大的潜力和后劲也在农村。

实施乡村振兴战略是解决人民日益增长的美好生活需要和不平衡不充分的发展之间矛盾的必然要求,是实现"两个一百年"奋斗目标的必然要求,是实现全体人民共同富裕的必然要求。中国过去曾经是一个典型的、相对落后的农业大国,中国社会是一个典型的乡土社会,而中国文化的本质也是典型的乡土文化,故而,振兴乡村显得尤为重要。对于中国走出"中等发达国家陷阱",坚持五大发展理念,建设社会主义现代化强国,实现中华民族伟大复兴中国梦具有十分重大的现实意义和深远的历史意义。① 全面建成小康社会,广大农村地区,尤其是经济社会发展相对滞后的中西部地区农村仍然是重中之重、难中之难。把"三农"问题彻底解决好才能为全面建成小康社会补齐短板。我国实现农业农村现代化,不仅基础较为薄弱,而且涉及人口多,实现难度大,农业农村现代化能否如期实现,直接关系到社会主义现代化的整体实现。发展不平衡不充分的问题在"三农"领域表现突出,既突出表现为城市和乡村之间发展的不平衡,又明显体现在不同地区之间农村发展

---

① 范建华. 乡村振兴战略的时代意义 [J]. 行政管理改革, 2018 (2): 16-21.

的不平衡。① 由此可见，乡村振兴战略实施关乎全面建成小康社会的目标实现、农业农村现代化和整个社会主义现代化建设大局以及新时代我国社会主要矛盾解决的路径选择。

二、新型职业农民的提出

近年来，随着新型城镇化的迅速推进，广大农村青壮年劳动力纷纷不断向城市转移，大量农村"空心化"、大量土地"闲置化"、留守农民"老龄化"、"兼业化"问题日益突出，农村地区"谁来种地、如何种好地"等问题逐渐凸显。党的十九大报告提出，培养造就一支"懂农业、爱农村、爱农民"的"三农"工作队伍，而新型职业农民培育对于提升农村劳动力素质，解决"谁来种地、如何种好地"以及农业生产效率低下等问题具有重要意义，是推进现代农业转型升级的重要基础。②

1. 新型职业农民的概念

目前，新型职业农民的内涵究竟是什么？应具备什么素质？认定、培育标准和考核体系如何？诸如此类的理论与实践探索研究，尚未得出定论。中国人民大学国家发展与战略研究院执行院长严金明认为，新型职业农民是主动适应农业现代化生产和产业发展需要，主要依靠农业及相关产业经营获得收入、以务农为职业的现代农业从业者，其基本要求为：具备一定文化与科技知识、掌握现代农业生产技能、富有自主创新创业精神、具有职业素养和社会责任感。新型职业农民"新"在具备现代农业生产经营的先进理念和能力素质，"新"在能够获得较高的收入，是农业生产的新继承人与开拓者。中国社会科学院农村发展研究所研究员党国英认为，广义的新型职业农民是

---

① 郭红军．实施乡村振兴战略的重大现实意义［N］．光明日报，2018－07－13.
② 赵忠．探索精准高效新型职业农民培育新模式［N］．农民日报，2018－03－31.

指农业全产业链中专业化程度较高的从业者；而狭义上的新型职业农民，则是指经营规模比较大的农产品直接生产者。无论是广义的还是狭义的新型职业农民，都与传统意义上的小农户有较大的差异，具体体现在以下几个方面：面对市场从事生产经营活动，经营规模比较大，依托现代农业经营组织体系，与政府和农业科研机构结成"金三角"的良性互动关系。①

通过文献梳理以及实践探索，本书认为新型职业农民是一个复合型概念，是"新型农民"和"职业农民"的有机结合体，"新型农民"是有较高文化和职业素质、有一定的专业技术、懂得生产经营、善于进行市场管理的农民，而"职业农民"则是将农业生产、经营服务作为职业，并充分利用市场机制和规则来获取经济收入报酬，目标是实现利润最大化的理性经济人。新型职业农民融合了以上两方面基本特征之后，又具备了新的科学内涵。因此，本书将新型职业农民定义为：具有相对较高科学文化素质、掌握现代农业生产技术、具备一定经营管理能力，以农业生产、经营或服务作为主要职业及收入来源的农业从业人员。

2. 新型职业农民培育的目标任务

根据《农业农村部办公厅关于做好 2018 年新型职业农民培育工作的通知》的文件精神，准确把握乡村振兴战略新要求，进一步明确新型职业农民培育的目标任务：以习近平新时代中国特色社会主义思想为指导，全面贯彻党的十九大精神，牢固树立新发展理念，坚持把科教兴农、人才强农、新型职业农民固农作为重大战略，把培育新型职业农民作为强化乡村振兴人才支撑的重要途径，以服务质量兴农、绿色兴农、品牌强农为目标，以提高农民、扶持农民、富裕农民为方向，以满足农民需求为核心，以提升培育质量效能

---

① 蒋正翔，王斯敏，姚同伟. 新型职业农民和传统农户有何不同［N］. 光明日报，2019－04－03.

为重点，根据乡村振兴对不同层次人才的需求，通过就地培养、吸引提升等方式，分层分类培育新型职业农民，发展壮大一支爱农业、懂技术、善经营的新型职业农民队伍，推动全面建立职业农民制度，带动乡村人口综合素质、生产技能和经营能力进一步提升，促进人才要素在城乡之间双向流动，让农民真正成为有吸引力的职业，让农业成为有奔头的产业，让农村成为安居乐业的美好家园，为农业现代化建设提供坚实的人力基础和保障。

3. 新型职业农民培育的提出背景

近年来，我国农业农村产业结构发生了很大变化，农业劳动力老龄化趋势日益严重，农业劳动力后继乏人，"谁来种地、如何种好地"等问题日益凸显。如何吸引"有文化、懂技术、会经营"的年轻人从事农业生产，并把农业生产作为终身职业，需要政府的大力支持和重点培育。人才振兴是乡村振兴的关键因素。如果没有人才的支撑，乡村振兴只能是一句空话。乡村人才振兴的关键，就是要让更多人才"愿意来、留得住、干得好、能出彩"，人才数量、结构和质量能够满足乡村振兴的需要。[①]

推进乡村振兴，人才振兴是基础。2012 年的中央一号文件首次明确提出，大力培育新型职业农民，对未升学的农村高初中毕业生免费提供农业技能培训，对符合条件的农村青年务农创业和农民工返乡创业项目给予补助和贷款支持。2013 年的中央一号文件进一步强调，大力培育新型农民和农村实用人才，着力加强农业职业教育和职业培训。充分利用各类培训资源，加大专业大户、家庭农场经营者培训力度，提高他们的生产技能和经营管理水平。党的十九大做出了实施乡村振兴战略的重大战略部署，具体包括产业振兴、人才振兴、文化振兴、生态振兴、组织振兴五个方面，而乡村振兴离不开人

---

① 辛宝英，安娜，庞嘉萍. 人才振兴：构建满足乡村振兴需要的人才体系 [M]. 郑州：中原农民出版社，红旗出版社，2019.

才的有力支撑，深入实施乡村振兴战略需要一批有知识、有情怀、懂技术的新型职业农民扎根农村及现代农业。据统计，目前全国新型职业农民超过1500万人，68.79%的新型职业农民对周边农户起到辐射带动作用，平均每个新型职业农民带动30户农民。① 近年来的中央一号文件都在强调"积极发展农业职业教育，大力培养新型职业农民"。其中，2018年的中央一号文件《中共中央 国务院关于实施乡村振兴战略的意见》系统提出，"大力培育新型职业农民。全面建立职业农民制度，完善配套政策体系。实施新型职业农民培育工程。支持新型职业农民通过弹性学制参加中高等农业职业教育。创新培训机制，支持农民专业合作社、专业技术协会、龙头企业等主体承担培训。引导符合条件的新型职业农民参加城镇职工养老、医疗等社会保障制度。鼓励各地开展职业农民职称评定试点"。2018年1月9日，农业部发布《"十三五"全国新型职业农民培育发展规划》，对新型职业农民培育发展进行了详细规划。2018年9月26日，中共中央、国务院印发《乡村振兴战略规划（2018－2022年）》再次强调，全面建立职业农民制度以强化乡村振兴人才支撑。近年来，以习近平同志为核心的党中央统筹推进农业农村各类人才队伍培育和建设，为实施乡村振兴战略和推动脱贫攻坚提供了有力的人才支持，推动农业现代化建设取得明显进展。通过分层分类培训，目前我国高素质农民队伍达到一定规模，涌现出一大批"田秀才""土专家"。② 实施乡村振兴战略，广大农民群众毫无疑问是主力军。做好"三农"工作要以农民为中心、以富民为根本，切实发挥农民在乡村振兴中的主体作用。为此，需要大力培育新型职业农民，促进传统农民向现代新型职业农民转变，通过激发农

① 王伟健. 新型职业农民在成长［N］. 人民日报，2019－03－19.
② 潘墨涛. 培养造就新型农民队伍［N］. 人民日报，2020－11－18.

民创造力，以此来提升农业农村生产力。① 2012～2020 年关于新型职业农民培育的政策梳理如表 1-2 所示。

表 1-2　2012～2020 年关于新型职业农民培育的政策梳理

时间	政策文件	文件内容
2012 年 2 月 1 日	中央一号文件《中共中央 国务院关于加快推进农业科技创新持续增强农产品供给保障能力的若干意见》	大力培训农村实用人才。以提高科技素质、职业技能、经营能力为核心，大规模开展农村实用人才培训。大力培育新型职业农民，对未升学的农村高初中毕业生免费提供农业技能培训，对符合条件的农村青年务农创业和农民工返乡创业项目给予补助和贷款支持
2013 年 1 月 31 日	中央一号文件《中共中央 国务院关于加快发展现代农业进一步增强农村发展活力的若干意见》	大力培育新型农民和农村实用人才，着力加强农业职业教育和职业培训。充分利用各类培训资源，加大专业大户、家庭农场经营者培训力度，提高生产技能和经营管理水平
2014 年 1 月 19 日	中央一号文件《中共中央 国务院关于全面深化农村改革加快推进农业现代化的若干意见》	落实中等职业教育国家助学政策，紧密结合市场需求，加强农村职业教育和技能培训。支持和规范农村民办教育
2015 年 2 月 1 日	中央一号文件《中共中央 国务院关于加大改革创新力度加快农业现代化建设的若干意见》	加快发展高中阶段教育，以未能继续升学的初中、高中毕业生为重点，推进中等职业教育和职业技能培训全覆盖，逐步实现免费中等职业教育。积极发展农业职业教育，大力培养新型职业农民
2016 年 1 月 28 日	中央一号文件《中共中央 国务院关于落实发展新理念加快农业现代化 实现全面小康目标的若干意见》	加快培育新型职业农民。将职业农民培育纳入国家教育培训发展规划，基本形成职业农民教育培训体系，把职业农民培养成建设现代农业的主导力量。办好农业职业教育，将全日制农业中等职业教育纳入国家资助政策范围

① 文军. 大力培育新型职业农民［N］. 光明日报，2019-02-12.

时间	政策文件	文件内容
2017 年 2 月 6 日	中央一号文件《中共中央 国务院关于深入推进农业供给侧结构性改革加快培育农业农村发展新动能的若干意见》	重点围绕新型职业农民培育、农民工职业技能提升，整合各渠道培训资金资源，建立政府主导、部门协作、统筹安排、产业带动的培训机制。探索政府购买服务等办法，发挥企业培训主体作用，提高农民工技能培训针对性和实效性。优化农业从业者结构，深入推进现代青年农场主、林场主培养计划和新型农业经营主体带头人轮训计划，探索培育农业职业经理人，培养适应现代农业发展需要的新农民
2018 年 2 月 5 日	中央一号文件《中共中央 国务院关于实施乡村振兴战略的意见》	大力培育新型职业农民。全面建立职业农民制度，完善配套政策体系。实施新型职业农民培育工程。支持新型职业农民通过弹性学制参加中高等农业职业教育。创新培训机制，支持农民专业合作社、专业技术协会、龙头企业等主体承担培训。引导符合条件的新型职业农民参加城镇职工养老、医疗等社会保障制度。鼓励各地开展职业农民职称评定试点
2019 年 2 月 20 日	中央一号文件《中共中央 国务院关于坚持农业农村优先发展做好"三农"工作的若干意见》	实施新型职业农民培育工程。大力发展面向乡村需求的职业教育，加强高等学校涉农专业建设。抓紧出台培养懂农业、爱农村、爱农民"三农"工作队伍的政策意见
2020 年 3 月 11 日	中央一号文件《中共中央 国务院关于抓好"三农"领域重点工作确保如期实现全面小康的意见》	推动人才下乡。培养更多知农爱农、扎根乡村的人才，推动更多科技成果应用到田间地头。畅通各类人才下乡渠道，支持大学生、退役军人、企业家等到农村干事创业。整合利用农业广播学校、农业科研院所、涉农院校、农业龙头企业等各类资源，加快构建高素质农民教育培训体系

资料来源：根据政策文件资料整理而来。

4. 新型职业农民培育的机遇与挑战

一直以来，中国就是一个农业大国，农业始终受到高度重视，培育新型职业农民有利于解决农业现代化过程中"谁来种地、如何种好地"的问题。

结合农民实际生产以及知识水平，有针对性地进行农民职业技能培训，不断提高职业技术培训的效能，积极培育符合新常态下时代需求的新型职业农民，有助于为乡村振兴奠定坚实的人才基础。

当前，以习近平总书记为核心的党中央高度重视新型职业农民培育工作，因此，新型职业农民培育面临前所未有之新机遇。2018 年 6 月 12～14 日，习近平总书记在山东考察时指出："乡村振兴，人才是关键。要积极培养本土人才，鼓励外出能人返乡创业，鼓励大学生村官扎根基层，为乡村振兴提供人才保障。"新型职业农民是乡村振兴与发展现代农业的重要主体。培育新型职业农民对于加快推进农业现代化与农村经济社会可持续发展具有重要意义。① 习近平总书记曾在参加山东代表团审议时指出，要推动乡村人才振兴，把人力资本开发放在首要位置，强化乡村振兴的人才支撑。由此可见，乡村振兴，人才是基石。习近平总书记指明了振兴乡村的核心与关键，必将进一步激励各类人才在农村广阔天地大施所能、大展才华、大显身手，为乡村振兴奠定坚实的人才基础。② 由此可见，培育新型职业农民是乡村振兴战略的应有之义，是助推农业高质量发展、全面建成小康社会的必要举措。③

新型职业农民培育也面临一定的挑战。众所周知，实施乡村振兴战略，农民是主体，人才是关键，而从事农业生产经营劳动者的素质高低，直接影响着传统农业向现代农业、绿色农业转型的进程，直接影响着脱贫攻坚战成果的巩固，直接影响着能否按期完成乡村振兴战略目标任务。当前，广大农村，尤其是西部地区农村技能型人才极为短缺，人口空心化、老龄化已成为

① 文军. 大力培育新型职业农民［N］. 光明日报，2019－02－12.
② 农民日报评论员. 始终强化人才振兴硬支撑［N］. 农民日报，2018－03－10.
③ 张译木. 培育新型职业农民　实现乡村全面振兴［N］. 光明日报，2020－05－06.

乡村振兴亟待破解的主要难题。"谁来种地、如何种好地"等问题日益严峻，这些现实条件摆在了我们面前。如何吸引"有文化、懂技术、会经营"的年轻人从事农业生产，并把农业生产作为终身职业，这也是当前乡村振兴所面临的巨大挑战与难题。想破解这个难题，就要实行更加积极有效的人才政策，以识才的慧眼、爱才的诚意、用才的胆识、容才的雅量、聚才的良方，选好人才、育好人才、用好人才，为乡村振兴提供坚实的人才支撑。① 众所周知，人才振兴与乡村振兴之间是双向良性互动关系。如果没有人才支撑，乡村振兴只能是一句空话，变成"空中楼阁"。乡村人才振兴的关键，就是要让更多人才"愿意来、留得住、干得好、能出彩"，人才数量、结构和质量能够满足乡村振兴的需要。习近平总书记强调，要推动乡村人才振兴，把人力资本开发放在首要位置，强化乡村振兴人才支撑。就地培养更多"爱农业、懂技术、善经营"的新型职业农民，打造一支强大的乡村振兴人才队伍。由此可见，加强新型职业农民培育有利于从根本上破解乡村振兴所面临的巨大挑战与难题。

第二节　乡村振兴的发展趋势

乡村振兴战略是习近平总书记在党的十九大报告中明确提出的战略。党的十九大报告指出，农业、农村、农民问题是关系国计民生的根本性问题，必须始终把解决好"三农"问题作为全党工作的重中之重，实施乡村振兴战略。

---

① 岳凤兰. 为乡村振兴提供人才支撑［N］. 经济日报，2020 – 10 – 27.

一、国内乡村振兴的发展趋势

1. 乡村产业振兴的探索

产业兴旺是乡村振兴的基本目标之一。现在乡村正处于从精准扶贫到乡村振兴的衔接节点，部分学者从持续稳定脱贫的角度对乡村振兴当前的重点任务进行了研究，乡村旅游产业和产业融合发展、产业规模化也是学者们研究的重点。

学者对乡村由精准扶贫走向乡村振兴过程中存在的困难及实现乡村振兴路径进行了研究。王超和蒋彬（2018）研究得出精准扶贫在现阶段发挥了促进新农村与城镇化协调发展、加快贫困农村农业供给侧改革、加大资金投入现代农业的力度、提高深度贫困户的抗风险能力、加速贫困地区农村跨越式发展的重要作用。① 牛胜强（2019）坚持把产业扶贫作为精准扶贫的治本之策及全面小康与乡村全面振兴的关键举措，立足资源禀赋和产业基础做好特色文章，将乡村振兴的战略思想和原则深度融入产业扶贫实践，科学构建产业扶贫长效机制和打造产业发展长效提升工程，重塑深度贫困地区经济增长动力和农业与乡村复合功能恢复，使扶贫产业成为引领深度贫困地区高质量发展的主力军。② 叶诗凡（2019）认为农村电商作为精准扶贫的重要载体为农村经济发展及乡村振兴目标的实现提供了强有力的支持。③ 孙志国等（2018）针对区域性贫困根源，从农业知识产权保护、智力资源开发等角度，

---

①　王超，蒋彬.乡村振兴战略背景下农村精准扶贫创新生态系统研究［J］.四川师范大学学报（社会科学版），2018（3）：5-15.

②　牛胜强.乡村振兴背景下深度贫困地区产业扶贫困境及发展思路［J］.理论月刊，2019（10）：124-131.

③　叶诗凡.乡村振兴下我国农村电商精准扶贫的新路径［J］.电子商务，2019（4）：6-8.

讨论了智力精准扶贫策略与乡村振兴战略，提出了相应的建议。①

大量学者对乡村旅游产业进行了探索研究。李志龙（2019）阐释了乡村振兴－乡村旅游系统作用机制与演化规律，旨在为乡村振兴之乡村旅游路径选择提供政策参考。② 聂学东（2019）通过构建乡村振兴和乡村旅游发展系统，采用层次分析法确定权重，进而通过耦合模型计算两者的协调度，探讨乡村振兴战略和旅游发展的耦合关系。③ 张碧星和周晓丽（2019）认为乡村旅游产业发展过程中不仅需要在不同阶段采取不同策略，还需了解产业成长起步和不同发展模式之间的关系，做好乡村旅游产业成长与培育。④ 董菁等（2018）认为乡村旅游产业发展对于振兴乡村经济具有重要意义，乡村旅游产业发展应注重与其他产业有机融合，以及加强生态宜居环境的美丽乡村建设。⑤ 李桥兴（2019）认为通过大健康产业模式的政府引导和大数据技术手段的企业经营，可以有效提升民宿业的服务质量并打造精品品牌，达到推进全域旅游开发和推动乡村民宿新发展等目的。⑥

学者对产业融合也开展了一些探索实践。周立（2018）认为推动一二三产业融合发展可以解决乡村发展不充分问题；推动"四化同步"，可以解决农业农村发展滞后等发展不同步问题。⑦ 朱启臻（2018）提出乡村产业兴旺

① 孙志国，刘红，刘之杨，熊晚珍，钟儒刚. 武陵山片区恩施州智力精准扶贫与乡村振兴战略研究——基于农业知识产权保护与智力资源开发［J］. 江西农业学报，2018，30（5）：135－141.

② 李志龙. 乡村振兴－乡村旅游系统耦合机制与协调发展研究——以湖南凤凰县为例［J］. 地理研究，2019，38（3）：643－654.

③ 聂学东. 河北省乡村振兴战略与乡村旅游发展计划耦合研究［J］. 中国农业资源与区划，2019，40（7）：53－57.

④ 张碧星，周晓丽. 乡村振兴战略下的乡村旅游产业选择与成长［J］. 农业经济，2019（6）：51－52.

⑤ 董菁，毛艳飞，张良. 乡村振兴战略视角下乡村旅游产业的优化升级研究［J］. 农业经济，2018（9）：50－52.

⑥ 李桥兴. 全域旅游和乡村振兴战略视域下广西阳朔县民宿业创新发展路径［J］. 社会科学家，2019（9）：88－94.

⑦ 周立. 乡村振兴的核心机制与产业融合研究［J］. 行政管理改革，2018（8）：33－38.

要避免产业单一化，实现多业并举，尊重农业特点和乡村发展规律，通过发展特色农业、乡村手工业，综合利用农业农村资源和乡村社会文化资源，充分挖掘农业农村的多种功能和价值，促进农业农村经济多元化发展。[①] 除此之外，还有一些学者对田园综合体、产业规模化进行了探索研究。王红宝等（2019）分析了田园综合体核心利益相关者的利益诉求，明确共生冲突的表现形式，从而构建出乡村振兴战略背景下田园综合体核心利益相关者共生机制，以促进田园综合体和谐发展。[②] 吴重庆和张慧鹏（2019）提出在乡村振兴战略实施过程中，需要重新认识小农户的功能，提高小农户的组织化程度，使之与现代农业发展有机衔接。[③]

2. 乡村治理的探索

乡村治理是国家现代化治理的重要组成部分，乡村治理是乡村振兴的目标之一。理论界从多角度、多层面对乡村治理进行了研究，重点集中于对农村各类组织的探讨，通过农村组织这一组织载体，激发乡村治理中的内生主体地位，是形成多元协同、共同参与乡村治理的现代乡村治理格局的关键所在。

霍军亮和吴春梅（2019）重构乡村经济发展模式，重塑人与自然的关系，重建乡村文化发展模式，创新乡村治理模式和优化乡村生活愿景，不断提升自身的经济引领能力、生态文明建设能力、文化引领能力、社会治理能力和群众凝聚能力。[④] 殷梅英（2018）探索完善以农村基层党组织为核心、农村专业合作经济组织为龙头、社会组织为支撑、村民自治组织为基础的

---

① 朱启臻. 关于乡村产业兴旺问题的探讨 [J]. 行政管理改革，2018 (8)：39 - 44.

② 王红宝，杨建朝，李美羽. 乡村振兴战略背景下田园综合体核心利益相关者共生机制研究 [J]. 农业经济，2019 (10)：24 - 26.

③ 吴重庆，张慧鹏. 小农与乡村振兴——现代农业产业分工体系中小农户的结构性困境与出路 [J]. 南京农业大学学报（社会科学版），2019, 19 (1)：13 - 24.

④ 霍军亮，吴春梅. 乡村振兴战略下农村基层党组织建设的理与路 [J]. 西北农林科技大学学报（社会科学版），2019, 19 (1)：69 - 77.

"四位一体"组织体系,通过组织振兴为实施乡村振兴战略提供坚强保障。① 唐任伍和郭文娟(2018)通过合理的治理机制提升经济韧性、社会韧性、生态韧性、组织韧性和城乡互动的扩展韧性,综合提高乡村振兴的演进韧性能力。② 霍军亮和吴春梅(2018)强调各级党和政府要不断优化农村基层党组织的构建体系、发展壮大乡村集体经济、积极传承和复兴优秀传统乡村文化、有效提升乡村社会治理能力,进一步夯实农村基层党组织建设的组织基础、物质基础、文化基础和社会基础。③ 蒋永甫和张东雁(2019)认为农村基层党组织作为执政党的执政之基、力量之源,既要保持对各社会主体的自主性,又要通过对社会主体的嵌入,实现嵌入性治理,实现其功能再造。④ 马永定等(2015)认为充分发挥乡贤及其组织在基层社会治理中的作用,构建传统乡土社会与现代社会的有效衔接机制,将公共服务普及、基层民主建设与乡土文化的延续、公序良俗的形成有机结合,实现政府治理与村民自治的良性互动。⑤ 杨琴和黄智光(2017)描述了新型社会组织在乡村治理中的形成及其作用发挥,认为新型社会组织不仅能有效参与乡村治理,而且给乡村治理结构带来了新的变化。⑥ 贺雪峰和田舒彦(2020)认为将农民组织化,促进乡村自治是解决乡村治理困境的关键。⑦ 当前中国基层出现了普遍的村级治

① 殷梅英. 以组织振兴为基础推进乡村全面振兴 [J]. 中国党政干部论坛, 2018 (5): 86-88.
② 唐任伍, 郭文娟. 乡村振兴演进韧性及其内在治理逻辑 [J]. 改革, 2018 (8): 64-72.
③ 霍军亮, 吴春梅. 乡村振兴战略背景下农村基层党组织建设的困境与出路 [J]. 华中农业大学学报 (社会科学版), 2018 (3): 1-8.
④ 蒋永甫, 张东雁. 自主与嵌入: 乡村振兴战略中基层党组织的行动策略 [J]. 长白学刊, 2019 (1): 1-7.
⑤ 马永定, 戴大新, 张俊姑. 乡贤及其组织在乡村治理中的作用研究——以绍兴市孙端镇村级乡贤参事会为例 [J]. 绍兴文理学院学报 (哲学社会科学), 2015, 35 (2): 36-40.
⑥ 杨琴, 黄智光. 新型社会组织参与乡村治理研究——以乡贤参事会为例 [J]. 理论观察, 2017 (1): 100-104.
⑦ 贺雪峰, 田舒彦. 资源下乡背景下城乡基层治理的四个命题 [J]. 社会科学研究, 2020 (6): 111-117.

理行政化现象，必然后果是村庄公共性的消失、资源下乡的低效甚至无效。①解决问题的办法是寻找平衡，一方面要对资源使用进行规范，另一方面又要给基层治理一定的主体性和主动性，允许基层治理有相对灵活的自主空间。②重建具有活力的基层组织，搭建国家资源与农民诉求有效对接的平台，是当前基层治理中的重大任务，要从加强国家对基层治理的规范化着手③，关键在于农民组织能力的提升，将农民组织起来是当前时期乡村治理的中心任务④，充分利用中国农村土地集体所有制的优势，将土地所有权、承包权和经营权分别赋权，让农地回归生产资料这一本质，重建新型集体经济，再造村社集体。建立村庄内村民之间基于利益分配的利益关联机制，让村民真正介入村庄事务中。⑤

3. 乡村文化振兴的探索

乡村文化振兴是乡村振兴的灵魂，学者们从多角度对乡村文化振兴的必要性、路径及困境进行了研究，多从文化耦合与嵌入的视角进行切入，其中非物质文化遗产保护、优秀乡村传统文化及社会主要核心价值观是研究的热点。

林青（2018）提出了乡村振兴战略视域下非物质文化遗产传承、发展的对策。⑥ 张静（2018）认为激发乡村活力，可通过利用自身优势，因时制宜，传承优秀民俗，建设现代文化礼堂，培育生态文化理念，引导村民文化自觉

① 贺雪峰. 行政还是自治：村级治理向何处去 [J]. 华中农业大学学报（社会科学版），2019（6）：1-5.
② 贺雪峰. 规则下乡与治理内卷化：农村基层治理的辩证法 [J]. 社会科学，2019（4）：64-70.
③ 贺雪峰. 给村干部一定的自主权——防范农村基层治理的"内卷化"危机 [J]. 人民论坛，2019（3）：54-55.
④ 贺雪峰. 村级治理的变迁、困境与出路 [J]. 思想战线，2020，46（4）：129-136.
⑤ 贺雪峰. 农民组织化与再造村社集体 [J]. 开放时代，2019（3）：186-196.
⑥ 林青. 乡村振兴视域下的非物质文化遗产传承和发展研究 [J]. 南京理工大学学报（社会科学版），2018，31（4）：32-37.

意识和接受多样性文化，辅助和加强乡村文化治理，实现富裕、和谐、文明、宜居新乡村风貌。① 谭英和胡玉鑫（2018）指出应以乡土文化为载体，传承优秀传统文化，有力推动新时代城乡一体化建设迈上新台阶。② 廖军华（2018）指出应发挥传统村落对于保护传承民族历史文化遗产、实现绿色可持续发展、建设美丽中国、增强民族自豪感、坚定文化自信及提升我国文化软实力的重要作用。③ 索晓霞（2018）认为乡村振兴战略推进过程中要保护好乡土文化，乡村振兴战略需要传统乡土文化的现代转型。④

吕宾（2019）认为重塑乡村文化应从重塑农民的文化价值观、促进乡村文化发展、培育乡村文化建设者的主体意识、建立"四位一体"的乡村文化治理模式等方面着手。⑤ 唐兴军和李定国（2019）认为激活社会网络结构中的文化要素，将优秀传统文化、红色革命文化、社会主义先进文化、西方文化的精华嵌入乡风文明之中，促进多种文化在互嵌过程中有机耦合，在文化嵌入与融合过程中凸显农民的主体地位和自主性，发挥基层党组织的引领作用。⑥ 吴理财和解胜利（2019）阐述乡村文化振兴与乡村振兴的多重价值目标耦合，进而提出通过优化乡村公共文化服务体系，完善乡村农耕文化传承体系，建构乡村现代文化产业体系，创新乡村现代文化治理体系，加快推进

---

① 张静. 乡村振兴与文化活力——人类学参与观察视角下浙江桐乡 M 村经验分析 [J]. 中华文化论坛，2018（4）：112 – 116.

② 谭英，胡玉鑫. 家文化建设与乡村振兴实践探索 [J]. 西北农林科技大学学报（社会科学版），2018（4）：43 – 47.

③ 廖军华. 乡村振兴视域的传统村落保护与开发 [J]. 改革，2018（4）：130 – 139.

④ 索晓霞. 乡村振兴战略下的乡土文化价值再认识 [J]. 贵州社会科学，2018（1）：4 – 10.

⑤ 吕宾. 乡村振兴视域下乡村文化重塑的必要性、困境与路径 [J]. 求实，2019（2）：97 – 108.

⑥ 唐兴军，李定国. 文化嵌入：新时代乡风文明建设的价值取向与现实路径 [J]. 求实，2019（2）：86 – 96.

乡村文化振兴。① 徐勇（2018）通过加强农村文化供给侧改革，提高文化产品（服务）的供给质量和效率，形成健全的供给体系，提供丰富多样的文化产品和服务。②

4. 乡村人才振兴的探索

乡村人才是开展乡村振兴事业的人才支撑，乡村人才振兴是实现乡村振兴的关键一步。当前乡村人才流失严重导致乡村振兴事业难以开展，学者从历史和现实的角度对培育乡村人才，评估和评价乡村人力资源及乡村人才参与乡村振兴的路径及困境进行了研究。

魏后凯（2018）认为在实施乡村振兴战略的过程中，人才短缺、资金不足和农民增收难是亟须破解的三大难题。③ 蒲实和孙文营（2018）认为必须培养造就和开发乡村本土人才，鼓励和引导各界人才回归乡村，抓好乡村振兴关键工程任务，培育新乡贤和两委会干部人才。④ 龚丽兰和郑永君（2019）认为乡村权威的嵌入性影响其治理能力，公共性影响其治理意愿，治理能力和治理意愿影响乡村治理主体的有效性，并进一步影响乡村治理的效果，同时提出培育新乡贤是乡村振兴内生主体基础。⑤ 吴忠权（2018）建议用产业发展带动农村人力资本双向流动，用教育打造农村人力资本的新动能，用培训增强农村人力资本的市场适应性，用保障提高农村人力资本的持久性，用劳动力迁移激发农村人力资本的活力。⑥

① 吴理财，解胜利. 文化治理视角下的乡村文化振兴：价值耦合与体系建构 [J]. 华中农业大学学报（社会科学版），2019（1）：16 – 23.
② 徐勇. 乡村文化振兴与文化供给侧改革 [J]. 东南学术，2018（5）：132 – 137.
③ 魏后凯. 如何走好新时代乡村振兴之路 [J]. 人民论坛·学术前沿，2018（3）：14 – 18.
④ 蒲实，孙文营. 实施乡村振兴战略背景下乡村人才建设政策研究 [J]. 中国行政管理，2018（11）：90 – 93.
⑤ 龚丽兰，郑永君. 培育"新乡贤"：乡村振兴内生主体基础的构建机制 [J]. 中国农村观察，2019（6）：59 – 76.
⑥ 吴忠权. 基于乡村振兴的人力资本开发新要求与路径创新 [J]. 理论与改革，2018（6）：44 – 52.

刘志阳和李斌（2017）将经验驱动型模式与资源驱动型模式进行比较分析，认为经验驱动型创业模式下的创业绩效更好，尤其是在服务业领域具有更加明显的优势。① 萧子扬和黄超（2018）着重强调新乡贤及其背后的社会知觉是后乡土中国农村脱贫和农业振兴的关键。② 钱再见和汪家焰（2019）指出从政府、社会、文化、乡村等多个维度形成合力，打通人才下乡的立体化通道，构建新乡贤人才孵化机制，创新新乡贤人才使用机制，型塑新乡贤人才涵育机制。③ 杨丽丽（2019）强调对农村人力资源开发进行评价，有助于农村人力资源开发质量的持续提升。④ 赵秀玲（2018）认为确立新时代乡村人才发展战略构想，树立乡村人才的整体发展观，探索乡村人才成长新模式，创办有利于乡村人才队伍建设的各类学校。⑤ 金绍荣和张应良（2018）认为受政策、资金、人力、文化等因素的影响，农科教育变革与乡村人才振兴的协同推进遭遇瓶颈，出现目标偏移、机制乏力、平台单一、保障不足等问题。⑥ 王斌通（2018）以基层善治为目标，以自治、法治、德治"三治合一"为途径，呈现出传统的继承性与时代的创新性相结合的局面，厘清了新乡贤参与治理与乡贤治理、党的领导、基层自治之间的关系与区别。⑦ 陈景红（2018）认为加强新型职业农民的宣传引导，强化政府在新型职业农民培

① 刘志阳，李斌.乡村振兴视野下的农民工返乡创业模式研究［J］.福建论坛（人文社会科学版），2017（12）：17－23.
② 萧子扬，黄超.新乡贤：后乡土中国农村脱贫与乡村振兴的社会知觉表征［J］.农业经济，2018（1）：74－76.
③ 钱再见，汪家焰."人才下乡"：新乡贤助力乡村振兴的人才流入机制研究——基于江苏省 L 市 G 区的调研分析［J］.中国行政管理，2019（2）：92－97.
④ 杨丽丽.乡村振兴战略与农村人力资源开发及其评价［J］.山东社会科学，2019（10）：147－152.
⑤ 赵秀玲.乡村振兴下的人才发展战略构想［J］.江汉论坛，2018（4）：10－14.
⑥ 金绍荣，张应良.农科教育变革与乡村人才振兴协同推进的逻辑与路径［J］.国家教育行政学院学报，2018（9）：77－82.
⑦ 王斌通.新时代"枫桥经验"与基层善治体系创新——以新乡贤参与治理为视角［J］.国家行政学院学报，2018（4）：133－139.

育中的职能，建立资金保障的长效机制，以及在培育内容、培育方式和资源利用等方面创新培育模式。① 杨璐璐（2018）建议以实施重大教育培训项目为抓手，加大职业农民培育力度。②

5. 乡村振兴的模式探讨

众多学者以乡村振兴目标为导向，从较为宏观的层面探讨了乡村振兴模式，集中对乡村振兴关键点及突破路径进行了探索研究。

蒋和平（2017）对安吉模式、虔心小镇模式、眉山泡菜产业发展模式、袁家村模式、平谷模式等乡村振兴发展模式进行了分析。③ 郭晓鸣（2018）认为乡村振兴的关键性战略路径包括全面深化改革、健全市场机制、强化城乡融合、坚持发展提升、推进适度规模。④ 文琦和郑殿元（2019）剖析了村域空间结构格局演变和城乡要素结构功能优化重组，构建了西北干旱贫困地区乡村振兴村落类型识别体系，将乡村振兴村落类型识别为集聚提升类、三产融合类、城郊融合类、特色保护类、搬迁撤并类，结合不同乡村振兴模式提出了相应的发展路径。⑤ 刘升（2018）提出将农村的生产生活要素嵌入城市的产业体系、消费市场和基础服务体系的方式，同时利用农村在人地结构、土地制度、熟人社会文化等方面的比较优势，实现城市和农村产业、市场融合发展，从而以经济振兴为先导促进农村经济、社会、环境的全面发展。⑥ 李周（2018）认为实施乡村振兴战略应采用因地制宜策略、规划引导策略、统筹协同策略、市场主导策略、质量提升策略、增量共享策略、全域服务策

① 陈景红. 乡村振兴战略下培育新型职业农民策略研究［J］. 广西社会科学, 2018（10）：97 – 99.

② 杨璐璐. 乡村振兴视野的新型职业农民培育：浙省个案［J］. 改革, 2018（2）：132 – 145.

③ 蒋和平. 实施乡村振兴战略及可借鉴发展模式［J］. 农业经济与管理, 2017（6）：17 – 24.

④ 郭晓鸣. 乡村振兴战略的若干维度观察［J］. 改革, 2018（3）：54 – 61.

⑤ 文琦, 郑殿元. 西北贫困地区乡村类型识别与振兴途径研究［J］. 地理研究, 2019, 38（3）：509 – 521.

⑥ 刘升. 嵌入性振兴：乡村振兴的一种路径——以贵州米村为研究对象［J］. 贵州大学学报（社会科学版）, 2018, 36（3）：135 – 142.

略和对外开放策略。① 刘合光（2017）强调遵循战略实施阻力最小的路线图，踏准"机制创新、产业发展、科技创新、人才培育"四大路径，深入实施乡村振兴战略，打造适应新时代要求的城乡融合发展新格局。② 黄祖辉（2018）认为乡村振兴战略需要农民主体、政府主导、企业引领、科技支撑、社会参与的"五位一体"的协同路径。③ 张晓山（2017）认为确保国家粮食安全，发展多种形式适度规模经营，培育新型农业经营主体；健全自治、法治、德治相结合的乡村治理体系。④ 赵毅等（2018）提出价值认知、布局优化、产业振兴、生态宜居和乡村治理等乡村振兴方法和路径。⑤ 陈美球等（2018）坚持系统思维的土地使用制度创新则是推进乡村振兴的关键切入点。⑥ 王景新和支晓娟（2018）以乡村振兴为重心，以特色小镇和美丽乡村同步规划建设为抓手，制定更加具体可行的乡村振兴计划和推进政策。⑦ 王敬尧和王承禹（2018）提出通过发展农业规模经营，可以促进产业发展，实现农民富裕、发展绿色农业，提升国家治理效率。⑧ 张海鹏等（2018）提出深化农村综合改革，建立城乡统一的要素市场，创新振兴乡村产业模式，建立健全城乡统一的公共服务体系，从而全面实现乡村振兴。⑨

① 李周. 乡村振兴战略的主要含义、实施策略和预期变化 [J]. 求索，2018（2）：44－50.
② 刘合光. 乡村振兴的战略关键点及其路径 [J]. 中国国情国力，2017（12）：35－37.
③ 黄祖辉. 准确把握中国乡村振兴战略 [J]. 中国农村经济，2018（4）：2－12.
④ 张晓山. 实施乡村振兴战略的几个抓手 [J]. 人民论坛，2017（33）：72－74.
⑤ 赵毅，张飞，李瑞勤. 快速城镇化地区乡村振兴路径探析——以江苏苏南地区为例 [J]. 城市规划学刊，2018（2）：98－105.
⑥ 陈美球，廖彩荣，刘桃菊. 乡村振兴、集体经济组织与土地使用制度创新——基于江西黄溪村的实践分析 [J]. 南京农业大学学报（社会科学版），2018，18（2）：27－34.
⑦ 王景新，支晓娟. 中国乡村振兴及其地域空间重构——特色小镇与美丽乡村同建振兴乡村的案例、经验及未来 [J]. 南京农业大学学报（社会科学版），2018，18（2）：17－26.
⑧ 王敬尧，王承禹. 农业规模经营：乡村振兴战略的着力点 [J]. 中国行政管理，2018（4）：91－97.
⑨ 张海鹏，郜亮亮，闫坤. 乡村振兴战略思想的理论渊源主要创新和实现路径 [J]. 中国农村经济，2018（11）：2－16.

二、国外乡村振兴的发展趋势

国外学者对乡村振兴中的乡村经济和可持续发展关注较多，另外，对日本的造村运动和韩国的新村运动的研究探索较多，逐渐成为国际上乡村振兴关注的焦点和学习的典型实践案例。

在乡村经济和可持续发展方面。西奥多·W. 舒尔茨强调向传统的农业投入新的生产要素，推动现代农业的实现，带动乡村经济的增长。[①] 丹尼尔·科尔曼认为在乡村治理的生态问题方面要从人类政治事务入手。[②] Rudel（2018）指出 21 世纪重新出现了农村贫困和环境危机的历史转折，农村地区亟待复兴。[③] Morais（2019）指出农村是全球化的边缘地区，可以通过保留传统的手工业制作工艺，将单纯的售卖产品发展成为可以让顾客直接地制作体验等全流程的文化产业，从而吸引来自世界各地的游客、艺术家等人员。独特的文化与艺术使乡村有机会融入全球化的进程中，从而为乡村振兴做出贡献。[④] Garcia – Lorente 等（2016）指出 2007～2008 年的经济危机加剧了欧盟农村经济和环境的脆弱性，必须得到复兴和可持续的发展，提出建设多方利益相关者协同参与的社会农业是农村经济实现反弹增长的关键之举。[⑤]

国内学者对日本的造村运动和韩国的新村运动的探索研究较多，多集中于通过国外乡村建设的经验，启迪我国乡村振兴发展路径。贾磊等（2018）

① ［美］西奥多·W. 舒尔茨. 改造传统农业［M］. 梁小民译. 北京：商务印书馆，2010.

② ［美］丹尼尔·科尔曼. 生态政治：建设一个绿色社会［M］. 梅俊杰译. 上海：上海译文出版社，2006.

③ Rudel T K. Did Growing Rural Poverty and a Disruptive Climate Spur an Expansion in Rural Sociology? A Comparative Historical Analysis［J］. Rural Sociology，2018，83（3）：481 – 502.

④ Morais L. Spicing Up a 150 – Year – Old Porcelain Factory：Art, Localism and Transnationalism in Arita's Happy Lucky Kiln［J］. International Journal of Japanese Sociology，2019（4）：52 – 73.

⑤ Garcia – Lorente M，Rossignoli C M，Di Iacovo F，Moruzzo R. Social Farming in the Promotion of Social – Ecological Sustainability in Rural and Periurban Areas［J］. Sustainability，2016（8）：1238.

认为日本农村振兴战略的主要内容包括开展农产品品牌营销、开发与活用地域资源、创新农业技术、推广农业六次产业化等，活跃了农村经济并取得了农民增收与城乡一体化协调发展的成效，但在增加农业劳动力供给和提高粮食自给率上还存在可改善的空间。① 李玉恒等（2019）基于对德国、日本及瑞典等国际典型案例剖析，系统阐释了土地整治、特色产业发展、社会资本培育在协调乡村人地关系、提升内生动力、构建乡村新型主体、实现乡村地域"人—地—业"耦合发展中的重要作用。② 赵广帅等（2018）通过对日本生态村建设、韩国新村运动发展特点、主要内容和模式等方面进行对比分析，探讨其对中国乡村振兴战略实施的启示。③ 茹蕾和杨光（2019）对日本推行的乡村振兴运动进行了分析，认为通过推行立法、规划配套、农地改革、三产融合、服务配套、资金保障、人才培养和基建完善等一系列措施，在推进农业现代化转型、解决农民老龄化和农村空心化等方面问题上成效显著。④ 刘松涛等（2018）在系统回顾日本三轮"新农村建设"历程的基础上，从政府参与、农民引导、教育培训、合作组织和法律颁布层面全面总结日本新农村建设经验。⑤ 冯勇（2019）从日本、韩国、欧盟等国际典型地区推进乡村振兴的背景和动因出发，总结提炼出国际不同类型国家和地区推进乡村振兴的主要内容、特点和内在规律。⑥ 李思经等（2018）通过系统梳理日本乡村振兴相关法

---

① 贾磊，刘增金，张莉侠，方志权，覃梦妮. 日本农村振兴的经验及对我国的启示 [J]. 农业现代化研究，2018，39（3）：359-368.

② 李玉恒，闫佳玉，宋传垚. 乡村振兴与可持续发展——国际典型案例剖析及其启示 [J]. 地理研究，2019，38（3）：595-604.

③ 赵广帅，刘珉，高静. 日本生态村与韩国新村运动对中国乡村振兴的启示 [J]. 世界农业，2018（12）：183-188.

④ 茹蕾，杨光. 日本乡村振兴战略借鉴及政策建议 [J]. 世界农业，2019（3）：90-93.

⑤ 刘松涛，罗炜琳，王林萍. 日本"新农村建设"经验对我国实施乡村振兴战略的启示 [J]. 农业经济，2018（12）：41-43.

⑥ 冯勇，刘志颐，吴瑞成. 乡村振兴国际经验比较与启示——以日本、韩国、欧盟为例 [J]. 世界农业，2019（1）：80-85.

律体系和机构设置，分析日本各发展阶段的不同目标、措施和效果。① 张俊和
陈佩瑶（2018）在回溯韩国新村运动开展情况基础上，深入分析新村运动中
内生主体力量培育的演变过程，选取其中有借鉴意义的做法并结合中国实际，
提出中国在乡村振兴战略实施中要重视"人"的作用、解决好"人"的难
题，在形成激励和约束制度相结合的绩效考核体系的基础上，通过农科教结
合激活乡村振兴的人力资源，通过创新农业经营体制机制整合乡村振兴的潜
在资源，以此激发乡村内部主体的创新活力，加快推进农业农村现代化。②
郑兴明（2019）对日本造村运动和韩国新村运动的政策路径及经验教训进行
深入探讨，得到了乡村振兴发展的有益启示。③ 王林龙等（2018）从国外乡
村振兴发展的历程、规划与政策措施、主要模式、组织方式、投融资渠道，
以及林业在乡村振兴发展中的主要作用六个方面进行分析，从而为中国乡村
振兴战略的规划与落实提供参考建议。④ 黄季焜和陈丘（2019）在分析国外
农村发展主要共性特征和经验的基础上，提出落实乡村振兴战略的政策建议：
关注城乡融合发展的体制与机制，合理规划农村人口布局，发挥政府、市场、
社区和农民的各自优势和作用，重视"从下至上"的参与式模式。⑤

三、国内外乡村振兴趋势述评

从国内乡村振兴发展趋势来看，一方面，对乡村经济和乡村治理的发

① 李思经，牛坤玉，钟钰. 日本乡村振兴政策体系演变与借鉴［J］. 世界农业，2018（11）：83-87.
② 张俊，陈佩瑶. 乡村振兴战略实施中内生主体力量培育的路径探析——基于韩国新村运动的
启示［J］. 世界农业，2018（4）：151-156.
③ 郑兴明. 乡村振兴的东亚经验及其对中国的启示——以日本、韩国为例［J］. 兰州学刊，
2019（11）：200-208.
④ 王林龙，余洋婷，吴水荣. 国外乡村振兴发展经验与启示［J］. 世界农业，2018（12）：
168-171.
⑤ 黄季焜，陈丘. 农村发展的国际经验及其对我国乡村振兴的启示［J］. 农林经济管理学报，
2019，18（6）：709-716.

展研究较多，而对乡村文化的研究相对较少。经济的繁荣和治理的稳定固然重要，但在国家大力实施非物质文化遗产保护和践行社会主义核心价值观的大环境下，理论与实践探索的目光过度聚焦在乡村经济发展、产业振兴和乡村治理上，未认识到乡村文化振兴与乡村产业振兴、乡村治理有效之间的关联性与耦合性，未充分重视乡村文化在乡村振兴战略中的作用。众所周知，如果乡村缺少了乡土文化的支撑，乡村就失去了历史的命脉，村民失去了陶冶情操和提升素养的优良环境，村民的综合文化素养相对不高，村民的凝聚性和团结性降低，村庄的公共价值共识缺失，乡村振兴将很难实现。另一方面，理论界与实践界对乡村振兴的发展研究集中于东部和中部等经济社会发展较为靠前的乡村，对西部经济发展较为滞后的民族地区乡村的研究较少。民族地区乡村发展较为滞后，是我国实现乡村振兴目标的重难点地区，同时其正处于精准脱贫与乡村振兴的衔接期，对民族地区乡村如何稳定脱贫、通过运用民族地区特色乡村文化和自然旅游发展产业等都是亟须探讨的问题，而且学者对民族地区乡村的研究有利于帮助其政府因地制宜地调整乡村振兴发展方向，但现实是学者对民族地区乡村的关注较少，对经济社会发展较快的发达地区乡村振兴关注较多，研究区域呈现整体性的不平衡趋势。

从国外乡村振兴发展趋势来看，一方面，由于历史及现实等多方面因素的影响，亚洲、欧洲等国家农村经济和环境的脆弱性逐渐显现，复兴乡村、振兴乡村势在必行，并且提出了建设多方利益相关者协同参与的乡村振兴路径选择，推动农村经济实现跨越式的反弹增长。通过系统的梳理和总结，发现亚洲、欧洲等国家通过推行立法体系建设、规划配套保障、农地改革、三产融合、服务配套、资金保障以及人才培养等一系列政策措施，在推进农业现代化转型、解决农民老龄化和农村空心化等方面问题上成效显著，对中国乡村振兴战略的构建具有一定的现实参考价值。另一方面，亚洲、欧洲等国家（比如日本、韩国、德国）在乡村振兴方面取得了比较突出的成绩，探索了支持乡村振兴的法律制度、财税与金融等政策工具、"一村一品"与多产融合、"造人"为核心的教育培训、农协"国民生命库"、公共服务等系列乡村振兴的具体实践经验模式，总结提炼出不同类型国家和地区推进乡村振兴的主要内容、特点和内在规律，为世界乡村振兴的实践提供了实践经验模式借鉴。

根据亚洲、欧洲等发达国家的先进经验和做法，结合中国国情与农情，中国要立足乡村本位和主体，实现自上而下与自下而上的有机结合，从顶层设计、制度供给和政策创设、特色产业培植、新型经营主体培育、公共服务及医疗、养老等兜底性社会保障的角度，引导和撬动多方参与乡村振兴战略实践，推动一二三产业的深度融合，构建乡村振兴的内生式发展动力。打造区域特色农业、培育新型农业经营主体、推进绿色农业发展、健全乡村治理体系、复兴乡村文化和建设宜居新农村，走出一条具有中国特色的城乡融合与乡村振兴之路。

第三节　新型职业农民培育的发展趋势

乡村振兴关键在于乡村人才振兴。习近平总书记强调，要"就地培养更多爱农业、懂技术、善经营的新型职业农民"。如何有效培养更多"爱农业、懂技术、善经营"的新型职业农民，是时代赋予理论界与实践界的一道新考题，成为社会关注的焦点问题。

一、国内新型职业农民培育趋势

1. 新型职业农民的内涵

我国关于职业农民的探索研究相对较晚，直到 2005 年底我国农业部发布的法规中才首次通过文件法规的形式明确提出了"职业农民"这一概念。随后，中央一号文件多次提及新型职业农民，引起了理论界与实践界的高度关注。曾一春（2012）认为新型职业农民是指生活在农村并以农业生产、农业经营和农产品加工服务为工作的农民。[①] 朱启臻和闻静超（2012）认为新型职业农民是通过从事农业生产、农业经营参与市场的农民，且具有较高的现代生产观念和责任感。[②] 王国庆（2012）指出新型职业农民与传统农民最大的不同在于其对市场和农业经济的了解程度。[③] 徐涌和戴国宝（2013）认为新型职业农民是满足从事农业生产和经营，目的是为了获得利润，属于一种单独的职业和具有较高的素质和社会责任感等条件的农民。[④] 罗敏（2014）认为新型职业农民是具有较高的职业素养和文化水平，并且具有一定的生产规模和积极性的农民。[⑤] 庄西真（2015）认为新型职业农民是以市场为导向，从事专业化和规模化的农业生产的高素质农民。[⑥] 杨海（2015）认为新型职业农民是具备较高素养、掌握科学技术和管理知识的专业群体，自愿专职从事农业生产经营管理并有较高收入，同时具有自由身份和职业特征的农业生产经营者，包括管理者、技术员以及经纪人等群体。[⑦] 张明媚（2016）指出

---

① 曾一春. 完善制度设计　强化实践探索 ［N］. 农民日报, 2012 – 06 – 12 (3).
② 朱启臻, 闻静超. 论新型职业农民及其培育 ［J］. 农业工程, 2012 (1)：1 – 4.
③ 王国庆. 加快培育新型职业农民努力提高营农收入 ［J］. 新农村, 2012 (5)：14 – 15.
④ 徐涌, 戴国宝. 我国新型职业农民培育问题与对策研究 ［J］. 成人教育, 2013 (5)：77 – 79.
⑤ 罗敏. 新型职业农民培育意义研究 ［J］. 北京农业, 2014 (9)：277 – 280.
⑥ 庄西真. 从农民到新型职业农民 ［J］. 职教论坛, 2015 (10)：23 – 28.
⑦ 杨海. 昆明呈贡新区建设中的新型职业农民培训问题研究 ［D］. 武汉：华中师范大学硕士学位论文, 2015.

新型职业农民是服务于现代农业生产活动，拥有先进的农业生产方面的知识。[①] 李凤芝（2018）认为职业农民是通过从事农业获取经济收入，且拥有专业知识技能的现代农业工作人员。[②]

2. 新型职业农民培育重要性

目前，我国诸多学者对培育新型职业农民的重要性进行了探讨，一致认为新型职业农民培育刻不容缓，并且从新农村建设、农业现代化、国家粮食保障、解决未来谁来种地等方面对新型职业农民培育的重要性进行系统阐述。王秀华（2012）指出培育新型职业农民是我国应对农业转型发展和实现农业现代化发展的关键政策。[③] 周一波和储健（2012）认为农业的现代化离不开农民的职业化，培育新型职业农民是发展现代农业的重要条件之一。[④] 纪勤炜（2013）指出加强新型职业农民的培训可以提高农民科学技术和文化素质、增强农民的创业就业能力、加快农业转型升级、提高农业生产率。[⑤] 刘勇和王凌春（2014）认为培育新型职业农民是提升农民素质和实现"四化同步"的必然选择，大力培育新型职业农民是推动现代农业发展的必要路径。[⑥] 杨燕（2014）认为新型职业农民是推进现代化农村建设的主要力量，也是全面建设小康社会和实现农业现代化以及社会主义现代化的需要。[⑦] 朱启臻（2013）指出新型职业农民的培育从本质上缓和了农业劳动力老龄化的问题，

[①] 张明媚. 新型职业农民内涵、特征及其意义 [J]. 农业经济, 2016（10）：66 - 67.

[②] 李凤芝. 浅谈新形势下的新型职业农民培训工作 [J]. 吉林农业, 2018（10）：94.

[③] 王秀华. 新型职业农民教育管理探索 [J]. 管理世界, 2012（4）：179 - 180.

[④] 周一波, 储健. 培养新型职业农民的途径及政策保障 [J]. 江苏农业科学, 2012（12）：403 - 405.

[⑤] 纪勤炜. 对加强新型农民培训的思考 [J]. 湖北经济学院学报, 2013（7）：16 - 17.

[⑥] 刘勇, 王凌春. 培育新型职业农民：关键环节、现实困境与路径选择 [J]. 沈阳农业大学学报（社会科学版）, 2014, 16（5）：527 - 529.

[⑦] 杨燕. 论新型城镇化背景下新型职业农民的素质要求与培育 [J]. 职教通讯, 2014（16）：62 - 65.

是解决国家未来"谁来种地"的有效途径之一。① 张明媚（2016）认为，新型职业农民的培育有利于现代农业思想的传播与经验技术的教授，并且有利于规模化、集约化农业的形成和发展。②

3. 新型职业农民培育对象

新型职业农民的培育对象具有多样性，不仅包含农村的原住居民，还包含军队退伍军人、外出打工者、大学生村官。朱启臻（2013）认为新型职业农民培育对象的选择主要包括：中老年农村劳动力、返乡创业回流的新生代农工、退伍军人、城市居民和涉农毕业生等具有培育潜力的人员。③ 陈池波和韩占兵（2013）认为培育的首选对象应该是扎根农村的农业从业者，包括种田能手、承包大户以及城市回流农民。④ 马建富（2015）指出留守农民、投身农业生产经营的新生代农民是培育的现实对象，潜在对象则是返乡回流农民、大学生以及涉农专业学生。⑤ 曾一春（2015）认为应该重点关注农村"两后生"及具备一定文化素养并从事农业生产的返乡农民工、农村务农青年。⑥ 张水玲（2016）将新型职业农民培育对象划分为两类，第一种是准新型职业农民，指现在从事农业生产经营管理活动、以农业收入为主要经济来源、文化程度处于初中以上的传统农民。第二种是潜在新型职业农民，即未来很有可能从事农业生产活动的外地务工返乡农民、大中专毕业生、城镇居民等群体。⑦ 范先佐（2018）提出对于培育对象的选择要实现多元化，培育

---

① 朱启臻. 新型职业农民的内涵特征及其地位作用 [J]. 中国农业信息，2013（17）：16 - 18.
② 张明媚. 新型职业农民内涵、特征及其意义 [J]. 农业经济，2016（10）：66 - 67.
③ 朱启臻. 新型职业农民与家庭农场 [J]. 中国农业大学学报，2013（2）：32.
④ 陈池波，韩占兵. 农村空心化、农民荒与职业农民培育 [J]. 中国地质大学学报（社会科学版），2013，13（1）：74 - 80.
⑤ 马建富. 新型职业农民培育的职业教育责任及行动策略 [J]. 教育发展研究，2015，35（Z1）：73 - 79.
⑥ 曾一春. 开展新型职业农民和农村实用人才认定的思考 [J]. 农村工作通讯，2015(13)：7 - 9.
⑦ 张水玲. 新型职业农民教育培育需处理好的五大关系 [J]. 农业经济，2016（9）：64 - 66.

对象不仅要包括高中的毕业生，还要包括其他潜在的劳动力，如种养大户、家庭农场主、农业工人、返乡农村户口的复转军人等。[①]

4. 新型职业农民培育困境

从我国目前的培训发展现状来看，新型职业农民培育仍然存在诸多困境。胡德华（2012）认为目前在培训职业农民方面存在资金不足、生源短缺、体制不健全、内容不切实际以及缺乏创新等方面的问题。[②] 焦淑明（2014）指出国家在 2012 年开始设立新型职业农民培育试点，从目前培育情况来说，新型职业农民的培育仍面临着诸多困难与问题，比如部分农民抵触思想严重、地方政府工作积极性不高、财政扶持资金不足、部分地方政府无法完成农业部高标准的培训目标。[③] 王素清（2014）认为目前存在的主要问题是农民综合素质不高、缺乏培训意识。[④] 高杰和王蔷（2015）认为新型职业农民的培训教育远离农村，缺乏与实际相结合，在培训内容方面也缺乏针对性。[⑤] 康静萍和汪阳（2015）调查发现新型职业农民培育的核心问题在于培育对象选择难以及生源短缺。[⑥] 吕敏莉和马建富（2015）经分析发现政府方面在培育上存在法律政策保障不够、培育经费投入不足等问题；而培育机构的问题则是缺乏有效的评价机制，并且培育师资力量薄弱和培育内容与实际相脱离等；

---

① 范先佐．农村学校布局调整与新型职业农民培育问题研究［J］．中国农业教育，2018（1）：9 - 14，92.

② 胡德华．新型职业农民培训工作存在的问题及其创新对策——以浙江省为例［J］．成人教育，2012（11）：85 - 88.

③ 焦淑明．湖州市新型职业农民培育对策的研究［D］．杭州：浙江大学硕士学位论文，2014.

④ 王素清．农民培育面临的问题及解决路径［J］．农业技术与装备，2014（3）：56 - 57.

⑤ 高杰，王蔷．精准瞄准分类培训按需供给——四川省新津县新型职业农民培训的探索与实践［J］．农村经济，2015（2）：109 - 113.

⑥ 康静萍，汪阳．中国新型职业农民短缺及其原因分析——基于安徽省寿县的调查［J］．当代经济研究，2015（4）：73 - 81.

而农民对于新型职业农民培育的参与积极性不高，新型职业农民培育还面临困境。① 刘铭川等（2016）指出目前参与职业农民培训的农民普遍老龄化，素质较低，文化程度也低，同时也缺乏相应的师资力量，而且培训的方式和内容也存在一定的问题。② 王晓涵和康红芹（2017）认为目前受城镇化的影响，农村人口结构发生巨大变化，其次受传统农村观念的影响，农村现有农民对培训的参与度不够。③ 高飞（2017）指出目前我国新型职业农民培育存在培育对象界定不明、培育环境不佳、培育扶持力度不够等问题。④ 何晓琼和钟祝（2018）认为现有的新型职业农民的培育缺乏法律保障，尤其在监督管理方面。⑤

5. 新型职业农民培育影响因素

黄少英（2012）认为影响新型职业农民培训的因素有资金不足、教育资源短缺、城乡结构不合理等。⑥ 陈进（2012）则认为我国新型职业农民培育存在的问题主要集中在制度方面，包括考核认证和注册登记制度等。⑦ 刘晨（2014）基于对青岛职业农民培育研究后，发现供求错位、宣传效果以及农技人员数量等因素会影响职业农民的培育。⑧ 朱奇彪等（2013）分析得出，影响新型职业农民培训的因素是多重的，包括性别、受教育程度、政府政策、

① 吕敏莉，马建富. 农业现代化背景下新型职业农民培训的问题及策略研究［J］. 中国职业技术教育，2015（4）：44－48.

② 刘铭川，王晨宇，刘芷晴等. 新型职业农民科技培训中的问题与对策——基于湖南平江县的调查研究［J］. 作物研究，2016，30（2）：193－195.

③ 王晓涵，康红芹. 我国新型职业农民培育研究：回顾与展望［J］. 职教论坛，2017（12）：56－59.

④ 高飞. 农业农村现代化进程中新型职业农民培育问题研究［J］. 河南农业，2017（23）：49－50.

⑤ 何晓琼，钟祝. 乡村振兴战略下新型职业农民培育政策支持研究［J］. 中国职业技术教育，2018（3）：78－83.

⑥ 黄少英. 城乡一体化背景下农村中等职业教育发展现状与策略［J］. 甘肃农业，2012（5）：37－39.

⑦ 陈进. 让从事农业的农民真正"职业"起来［J］. 南方农村，2012（10）：18－21.

⑧ 刘晨. 青岛市农民培训需求及影响因素研究［D］. 青岛：中国海洋大学硕士学位论文，2014.

外部环境、从事农业工作年限等。① 戚忠娇（2014）认为农村户籍制度和土地流转制度是影响新型职业农民培育的重要因素。② 赵永田等（2015）指出资金短缺与资金分配不均是造成当前职业农民培训问题的重要因素。③ 杨露等（2016）认为影响新型职业农民培训的因素有：农村经济的发展、农民的素质、政府行为的规范、市场的干预以及创新需要等。④ 王林榕（2017）从农民的个人意愿和培训政策的原因分析影响新型职业农民的培育因素，得出农民的年龄、教育水平、培训方式、满意程度以及是否对其有用等都是主要影响因素。⑤ 王钰（2017）认为新型职业农民的性别、年龄、文化程度、政策知晓度、是否参加农合、培训时间、培训费用等是影响新型职业农民培育意愿的重要因素。⑥

6. 新型职业农民培育路径

学者们通过对新型职业农民培育的探索研究，从理论层面对新型职业农民的培育路径选择进行了提炼和总结。许浩（2012）提出要依靠远程教育网络体系，打造新型职业农民培育的网络教育云平台，利用线下全面覆盖的宽带网络环境，整合优质教育资源，依靠互联网服务系统全面创新职业农民培育路径选择。⑦ 赵帮宏等（2013）将新型职业农民培育路径分为"三大类、

---

① 朱奇彪，米松华，杨良山. 新型职业农民及其产业发展影响因素分析——以浙江省为例 [J].科技通报，2013（11）：218 - 223.

② 戚忠娇. 我国新型职业农民素质培养问题研究 [D]. 沈阳：沈阳师范大学硕士学位论文，2014.

③ 赵永田，陈文，兰贵全. 基于 SWOT 分析远程教育培育新型职业农民发展战略思考 [J]. 安徽农业科学，2015（8）：350 - 352.

④ 杨露，何琳，李娴竹. 新型职业农民培育的制约因素探究 [J]. 农村经济与科技，2016（11）：254 - 255.

⑤ 王林榕. 新型职业农民培训意愿的影响因素分析 [J]. 浙江农业科学，2017（11）：2055 - 2057.

⑥ 王钰. 湖南省新型职业农民培育问题研究 [J]. 经贸实践，2017（3）：45 - 48.

⑦ 许浩. 培育新型职业农民：路径与举措 [J]. 中国远程教育，2012（11）：70 - 73.

十一型":"三大类"即政府工程类、市场管控类、政企联合类。"十一型"即政府运作型、院校培育型、远程教育型、创业支持型、文化活动型、合作组织型、行业推广型、园区依托型、推广服务型、科研立项型和科技带头型共 11 个具体类型。① 闫志利和蔡云凤（2014）提出我国新型职业农民的培育路径选择主要有政府工程模式、院校培育模式、远程教育模式、合作组织模式和推行服务模式。② 田书芹和王东强（2016）提出了"学分制、自助式、信息化、整合化"四种典型的新型职业农民社区培育路径选择：学分制下的学分代替、积累学分、弹性学习；自助式下的可供自由选择的培训套餐；信息化下的数字化教育资源的整合和输出；整合化下的搭建县职教中心、农业技术学校和素质学校的共享平台。③ 金英等（2015）比较了职业农民与传统农民的差异，提出了新型职业农民培育应该采取注重实操训练以及田间教学相结合的培育路径。④ 程斐和石兆良（2017）坚持"校社联合，机制创新"的原则，采取农民田间学校这种新颖的培育路径，采取双师型教学，注重学员的互动和参与，促进农民学员的学习积极性。⑤ 马建富和黄晓赟（2017）构建了"一主多元"的新型职业农民职业教育培训体系，通过整合现有职业教育资源，重视市场机制，鼓励农业园区及涉农企业利用自身优势，建设可供新型职业农民学习实践的基地与场所。⑥

---

① 赵帮宏，张亮，张润清. 我国新型职业农民培训模式的选择［J］. 高等农业教育，2013 (4)：107－112.

② 闫志利，蔡云凤. 新型职业农民培育：历史演进与当代创新［J］. 职教论坛，2014（19）：59－64.

③ 田书芹，王东强. 论新型城镇化进程中新型职业农民社区教育模式创新［J］. 继续教育研究，2016（6）：30－31.

④ 金英，刘英芳，郑培泉，曹云，张研琼. 构建新型职业农民培育模式的探索［J］. 上海农村经济，2015（4）：4－7.

⑤ 程斐，石兆良. 偃师市新型职业农民培育模式探讨［J］. 河南农业，2017（16）：13.

⑥ 马建富，黄晓赟. 新型职业农民职业教育培训社会支持体系的建构［J］. 职教论坛，2017 (16)：19－25.

7. 新型职业农民培育保障措施

在完善新型职业农民的培育方面，理论界与实践界都提出了自己的制度设计与政策建议。曾雅丽等（2012）从"宣传培育新型职业农民的重要性、构建科学的培育体系、切合农民的实际需求"等方面入手，健全新型职业农民的培训体系。[①] 陈荣高（2012）从实际出发，科学地规划体系与培育课程内容，切实保障职业农民的自身利益。[②] 魏学文和刘文烈（2013）指出加快新型职业农民的培育要立足于现代化建设，不断提高农业生产的机械化和农业经营规模化水平。[③] 董亮亮（2014）借鉴国外经验并结合我国农民现状，提出优化我国的新型职业农民的培育应从法律建设、教育建设和政策扶持三方面改进。[④] 李正梅和周静璇（2015）总结出培育新型职业农民必须目标对象明确，把好质量关，完善国家财政金融政策。[⑤] 周芳玲等（2016）在培养新型职业农民方面提出了设立相关法律法规、创新教育理念、统筹教育经费以及建立职业农民培训研究机构等建议。[⑥] 章炳杰（2017）指出应加大资金投入，确保教育不出问题。政府应该加大宣传力度，并且带头发展教育。先发展一小批新型职业农民，再由他们带动其他人。[⑦] 李建仁（2017）认为只有不断发展培训教育，让农民紧跟社会的发展潮流，才能更快更好地建设新

① 曾雅丽，李敏，张木明. 国外农民培训模式及对我国新型农民培养的启示 [J]. 职业时空，2012，8（6）：77.

② 陈荣高. 明天谁来种地——培育职业农民的思考 [J]. 中国农村教育，2012（10）：14 – 15.

③ 魏学文，刘文烈. 新型职业农民：内涵、特征与培育机制 [J]. 农业经济，2013（7）：73 – 75.

④ 董亮亮. 金砖国家职业农民培育比较研究 [D]. 保定：河北农业大学硕士学位论文，2014.

⑤ 李正梅，周静璇. 农业现代化与新型职业农民培育基于第二次农业普查数据 [J]. 中国集体经济，2015（30）：1 – 3.

⑥ 周芳玲，肖宁月，刘平. 农职院校参与新型职业农民培育研究 [J]. 经济问题，2016（8）：94 – 97.

⑦ 章炳杰. 浅析新型职业农民教育存在的问题及对策 [J]. 农村经济与科技，2017（6）：269，275.

型职业农民。① 牛亚丽（2018）通过完善培训的法律法规、改善培育体系与模式、提升金融保险管理水平以及营造良好的环境等措施来加快新型职业农民的培育过程。② 吴秀云（2018）指出当前培育新型职业农民的重点是"去短板、强动能"，建设现代化的新型职业农民。③

二、国外新型职业农民培育趋势

1. 职业农民的内涵特征

国外关于新型职业农民的内涵与特征。著名的人类学家 Wolf（1966）首次提出"职业农民"这一概念，认为传统农民就是为了生计，而职业农民则是一种职业，类似于经济学中的"理性人"，将农业看作投资项目，追求自身利益最大化。④ Lynch 等（2001）认为职业农民是农民通过接受农业生态、农业经济与管理等多方面知识并成为"职业人"的过程。⑤ 弗兰克·艾利斯（2006）指出职业农民是具有商业、稳定以及多样等性质的农民。⑥ Milone 和 Ventura（2019）认为职业农民是关注农业和粮食发展的企业家，但不愿加入农村，成为农村户籍人口。⑦

2. 职业农民培育的意义

Myrdal（1968）在研究东南亚国家案例的基础上，指出农民对先进技术

---

① 李建仁．谈推动新型职业农民培育工作的方法和措施——以即墨实例［J］．现代农业，2017（10）：62 - 64.
② 牛亚丽．新型职业农民培育的困境与路径选择——以河南省南阳市为例［J］．农村经济与科技，2018，29（19）：277 - 279.
③ 吴秀云．2018 年河南省新型职业农民培育工作思路与措施［J］．河南农业，2018（1）：12.
④ Wolf E. Peasants［M］. Englewood Cliffs：Prentice - Hall，1966.
⑤ Lynch T，Jenkins B，Kilarr A. The Professional Farmer［J］. Australian Journal of Social Issues，2001（2）：125 - 126.
⑥ ［英］弗兰克·艾利斯．农民经济学［M］．胡景北译．上海：上海人民出版社，2006.
⑦ Milone P，Ventura F. New Generation Farmers：Rediscovering the Peasantry［J］. Journal of Rural Studies，2019，65（1）：43 - 52.

的掌握程度与其接受的基础教育程度有很大关系，而农民对先进技术的掌握程度影响农村现代化的进程。① Schumacher（1993）强调教育是一个国家发展的根本，只有把人教育得更加完美，才能更好地来建设国家，促进社会和经济不断进步，尤其是在农村地区，职业教育更加重要。② Wallace 等（1996）认为加大对职业农民培训的资金投入、增强培训教师素质是提高农民积极性和促进农业发展的关键。③ Vancrowder 等（1998）认为加强农业教育可以大大减少国家的贫困人口，各国要因地制宜地进行职业农民的培育，这样可以提高农业生产效率、保障农民收入、帮助国家消除贫困。④ Kilpatrick 和 Rosenblatt（1998）认为专业的农民培训对于一个国家或地区的农业生产经营具有重要意义，经过专业化培训的农民更易于掌握和应用现代农业科技知识，有利于农业农村的发展。⑤ Baharein 等（2010）研究发现系统性专业化的农民培训有利于提升农民的生产能力与工作效率，对增加农民收入、推动农村经济发展与振兴影响较为深远。⑥

3. 职业农民培育的实践探索

在职业农民的培育实践过程中，各国都形成了独具特色的模式，诸如北美模式、东亚模式、西欧模式。以美国为代表的北美模式则是通过从上至下设立农业推广点的培育模式，并且由推广点、学院和试验站相结合。Kumar

---

① Myrdal G. Asian Drama：An Inquiry into the Poverty of Nations ［M］. New York：Pantheon, 1968.

② Schumacher E F. Small is Beautiful：A Study of Economics as If People Mattered ［M］. Random House, 1993.

③ Wallace L, Mantzou K, Taylor P. Policy Options for Agricultural Education and Training Insub - Saharan Africa：Report of a Preliminary Study and Literature Review ［R］. AERDD Working Paper, 1996.

④ Vancrowder L, Lindley W T, Doron N. Agricultural Education for Sustainable Rural ［J］. Journal of Agricultural Education & Extension, 1998, 5（2）：71 - 84.

⑤ Kilpatrick S, Rosenblatt T. Information vs Training：Issues in Farmer Earning ［J］. The Journal of Agricultural Education and Extension, 1998, 5（1）：39 - 51.

⑥ Baharein K, Noor M, Dola K. Assessing Impact of Veterinary Training on Malaysian Farmers ［J］. Asia - Pacific Journal of Rural Development, 2010（1）：33 - 50.

和 Kumar（2014）认为农业大学应通过转变自身教育模式来应对以市场为导向的农业发展，改善农村地区自给自足思想，进行以消除贫困等为目的的农业教育学方面的变革。① Evelyne 和 Steven（2014）经研究发现，发展中国家公共部门提供的农业技术推广服务并没有起很大的作用，相反以客户为导向和以农民为中心的替代扩展方式受到社会的高度重视和农民的欢迎。② 王辉和刘冬（2014）指出美国《劳工投资法》（1998 年颁布），确立了农民职业教育经常性培训机制，建立了农业职业教育、研究与推广"三位一体"的培训体系推广农业技术和普及农业知识。③ 以日本、韩国为代表的东亚模式是以国家教育为主、社会和农业相关部门的教育为辅的培育模式。陈磊等（2016）指出，韩国政府为了培育职业农民，不仅为农民提供资金支持，同时还为农民提供各方面的培训与支持。④ 以英国、法国和德国为代表的西欧模式则是通过政府、学校、社会和专业研究机构四方相结合的培育模式。童洁等（2015）系统研究了德国的"双元制"，注重实践与理论学习相结合。⑤ Kredenets（2016）认为德国和奥地利农业职业教育的主要特征是多方共同做出决策、规范法律、支持负责任的社会组织参与农业职业教育、多层次的管理结构，对劳动力市场需求长期监测及对其变化的动态响应，将专家理论与职业培训实践相结合。⑥ Barbinov

---

① Kumar A, Kumar V A. Pedagogy in Higher Education of Agriculture［J］. Procedia – Social and Behavioral Sciences, 2014, 152（9）: 89 – 93.

② Evelyne K, Steven F. Voluntarism as an Investment in Human, Social and Financial Capital: Evidence from a Farmer – to – farmer Extension Program in Kenya［J］. Agriculture and Human Values, 2014, 31（2）: 231 – 243.

③ 王辉, 刘冬. 美国农业职业教育与培训的经验与启示［J］. 中国人力资源开发, 2014(1): 80 – 83.

④ 陈磊, 钱星好, 宋丹丹. 我国新型职业农民培育模式研究［J］. 科技经济市场, 2016（6）: 113 – 114.

⑤ 童洁, 李宏伟, 屈锡华. 我国新型职业农民培育的方向与支持体系构建［J］. 财经问题研究, 2015（4）: 91 – 96.

⑥ Kredenets N. Forming Social Partnership Policy in Vocational Training of Service Sector Specialists in Germany and Austria［J］. Comparative Professional Pedagogy, 2016（4）: 55 – 61.

（2018）认为欧洲组织农业职业培训的方法是多样化的，并且满足了大部分的教育需求，通过实地培训、农村农业培训和学校培训，再结合应用现代化的教学技术，实行终身学习制度以及个性化农业教育以应对农业的发展。①

4. 职业农民培育的现实困境

随着新型职业农民培育的发展推进，国外职业农民培训过程中也存在一些问题。Knowles（1980）认为职业农业培训教育者不仅需要向农民传递技能知识，同时，也需要不断充实自我的实践能力与理论述评。② Wallace 等（1996）指出培训师资不强，在对农民进行职业培训时缺乏实践应用经验，很多培训师主要是纸上谈兵，所讲理论知识与生产实践在一定程度上存在较大的差异。③ Bennell（1998）经调研发现培训机构只顾完成自己的培训工作，基本上不怎么关心培育农民的实际应用情况与效果。④ Vancrowder 等（1998）通过对发展中国家培训的研究，提出职业农业培训课程设置要重视农业实践中存在的问题，比如粮食安全、农村贫穷问题等，农业推广人员要精通各种农业推广所需的各种生产技术和规划评估能力，善于收集信息；要设置开放式的学习课程，并注重实践教学。⑤ Gasperini（2000）指出职业农民的培育存在与实际情况脱轨的问题。⑥ Ahearn（2011）认为在实际农业生产中，

---

① Barbinov V. Vocational Training of Future Agricultural Specialists: European Experience [J]. Comparative Professional Pedagogy, 2018 (2): 160 – 165.

② Knowles M S. The Modern Practice of Adult Education: From Dedagogy to Andragogy [M]. Chicago: Association Press, 1980.

③ Wallace L, Mantzou K, Taylor P. Policy Options for Agricultural Education and Training in Sub – Saharan Africa: Report of a Preliminary Study and Literature Review [R]. AERDD Working Paper, 1996.

④ Bennell P. Vocational Education and Training in Tanzaania and Zimbabwe in the Context of Economie Reform [Z]. Department for International Development, Edueation Research Series 28, 1998.

⑤ Vancrowder L, Lindley W T, Doron N. Agricultural Education for Sustainable Rural [J]. Journal of Agricultural Education & Extension, 1998, 5 (2): 71 – 84.

⑥ Gasperini L. From Agricultural to Education for Rural Development and Food Security: All for Education and Food for All [J]. United Nations Food & Agriculture Organization Rome, 2000 (10): 30 – 38.

职业农民还需要去解决如何有效推动农村发展、如何长期保障粮食安全等问题。①

三、国内外新型职业农民培育述评

推进乡村振兴，人才振兴是基础。2012 年的中央一号文件首次明确提出，大力培育新型职业农民。理论界与实践界迅速掀起了新型职业农民培育研究探索的热潮。近年来，经过不断的探索和发展，同时在新型职业农民的培育对象、培育模式、培育措施、培育的问题、影响因素等方面都有了进一步的实践探索和突出成效。新型职业农民培育的内涵不断丰富与完善；新型职业农民培育影响因素重心逐渐从定性研究转为定量研究，使问题的定位更加具有准确性与客观性，实现了培训因素的可量化；新型职业农民培育模式研究更加系统科学，形成了独具地方特色的新型职业农民培育模式体系；新型职业农民培育措施更加全面。

与我国相比，国外职业农民培育探索研究无论是在理论层面，还是在实践层面都较为成熟，在新型职业农民培育的内涵、战略意义、实践模式、培育困境等方面都有相应的探索，尤其是实践模式方面，逐步形成了一些可借鉴、可参考的实践。通过系统梳理总结美国、德国、日本、韩国、英国等国家的职业农民培育实践经验，可把它们归为"日韩模式""美国模式""欧洲模式"。"日韩模式"基于人均耕地面积较少，以小规模农业生产为主导，由此建立了多层次培养模式，强调培训主体多元化，一般是以政府为主导，民间团体与农业部门积极参与，并建立严格法律保障机制。"美国模式"多以家庭农场为载体，培训主体多元化，构建了包括职业教育、农民成人教育等

---

① Ahearn M C. Potential Challenges for Beginning Farmers and Ranchers [J] . Choices, 2011 (2): 10 – 17.

形式多样、层次分明的培训模式。"欧洲模式"是基于机械化程度高以及规模经营的现实情况，建立了职业教育、研究和农业技术推广"三位一体"的职业农民培育模式。另外，国外职业农民培训过程中也存在一些问题。

第四节　乡村振兴与新型职业农民培育的逻辑

在人才振兴的视角下，乡村振兴与新型职业农民培育存在多重价值目标耦合关系，乡村产业振兴、乡村文化振兴、乡村生态振兴、乡村组织振兴、乡村人才振兴与新型职业农民培育的目标基本耦合。通过优化乡村人才振兴制度体系，完善新型职业农民培育体系，推动新型职业农民培育与乡村振兴之间双向良性互动，创新乡村人才治理体系，加快推进乡村人才振兴，为乡村振兴战略的实施提供人才推力和精神动力。新型职业农民培育为乡村振兴战略提供了人才支撑，而乡村振兴战略又为新型职业农民培育提供了发展平台，两者相辅相成，共同促进农业农村的高质量发展。

一、新型职业农民培育为乡村振兴提供人才支撑

1. 新型职业农民培育为产业振兴提供人才支撑

新型职业农民是农业企业、农业产业发展壮大的根本，与传统的小农模式生产下的农民相比，新型职业农民的思想更加开放、受教育程度普遍较高，可以使农业生产的质量与技术得到大幅度提升。另外，还可以实现服务性与技术性的统一，为现代化农业注入新生动力。新型职业农民具备现代农业生产经营的先进理念，拥有现代农业所要求的能力素质。因地制宜，不断壮大

新型农业经营主体，结合地方资源优势、农业产业优势等，科学布局农业产业，打造特色产业，实现农业产业化、标准化、规模化，使农业产业的布局不断优化，规模化效应明显提升，可以增强农业产业的竞争力，带动现代农业产业的发展，推动一二三产业的深度融合。培育新型职业农民是关系现代农业发展的战略性、基础性、长期性的重要工作，有利于为推动农业供给侧结构性改革、开创农业农村发展新局面、为乡村振兴战略中的产业振兴提供人才支撑。

2. 新型职业农民培育是人才振兴的重要组成部分

众所周知，乡村振兴战略的实施关键在于人才的振兴，而乡村人才振兴又包含着农业科技人才队伍、农村专业人才队伍、农村创新创业人才队伍、农村乡土人才队伍和新型职业农民队伍的打造，其中，新型职业农民队伍培育壮大又是乡村人才振兴的重中之重，所以新型职业农民的培育是乡村振兴中人才振兴的重要组成部分和关键环节。新型职业农民作为农村实用人才的主体，其中相当一部分人是具有高学历或者相关农业技术的人员，他们可以将所学知识和专业技术主动应用于农业生产，促进乡村振兴，所以必须抓住机遇、改革创新，解决老问题，塑造新格局，促进新发展。

3. 新型职业农民培育为文化振兴提供实施途径

农村在历史的积淀中积累了优秀的传统文化，然而，随着新型城镇化快速发展，很多乡村特有的历史非物质文化记忆正在逐渐减少，甚至逐渐消失，乡村文化的这种发展趋势和面临的调整已成为制约乡村振兴的瓶颈和短板，也是乡村振兴中文化振兴亟待解决的现实挑战和问题。自2012年中央一号文件首次明确提出"大力培育新型职业农民"，目前基本上形成了多部门共同参与、协调统一的新型职业农民培育工作机制。在新型职业农民培育过程中，参与者不仅在农业专业技能、农业职业素养等多方面得到全面提升，更在思想观念上发生了根本性的改变，在思想道德水平上得到了全方位的加强，新型职业农民不但懂农业、爱农村，而且对乡村文化理解颇深，充分尊重乡村文化，有较强的文化创意思维能力和较浓的乡土情结和乡土意识，能充分意识到乡村文化的发展趋势，深知乡村文化对于乡村振兴的重要性。因此，新型职业农民务必重视乡村文化建设，有助于为文化振兴提供一个有效的实施途径。

4. 新型职业农民培育为生态振兴提供人才支撑

生态振兴实际上就是要使经济、生态、社会和农民和谐发展、良性互动，其根本措施就是让农民寻求一种合适的农业绿色发展模式和科学合理的生产方式，根据市场供需来科学组织生产活动，实现和市场的精准对接，推动乡村经济发展与生态文明建设，实现物质文明与精神文明的双赢。新型职业农民培育必须坚持以服务质量兴农、绿色兴农、品牌强农为导向，以满足农民需求为核心，以提升培育质量效能为重点，培育出与农村现代化、农业绿色化发展相适应的新型职业农民队伍，将他们从土地里解脱出来，通过整合生产要素来调整优化农业产业结构。随着经济的发展，建立健康绿色生态产业集群，全面推动农业绿色化、生态化发展，形成绿色生态全产业链，实现生态振兴，人与自然和谐共生，走绿色化、生态化发展道路。新型职业农民培育为生态振兴提供人才支撑，培育出坚持走农业绿色发展道路的坚定践行者。

5. 新型职业农民培育有利于农村基层组织建设

中共中央印发的《中国共产党农村基层组织工作条例》中指出，要"组织党员、群众学习农业科学技术知识，运用科技发展经济"。新型职业农民的培育也是为了让农民群众学习农业科学技术知识，运用科技知识和技能来发展农村经济，这与该《条例》的要求有相似之处，可谓是异曲同工。除此之外，新型职业农民培育致力于培养造就一批"懂农业、爱农村、爱农民"的基层工作队伍，有利于农民整体文化素质的全面提升，有利于农民技能水平和管理水平的全面提高，从而更加有利于统一思想认识，更好地坚持党对农村工作的全面领导，推动农村基层组织工作的顺利开展。

二、乡村振兴为新型职业农民培育搭建发展平台

1. 乡村振兴为新型职业农民培育提供组织保障

习近平总书记强调，"农村要发展，农民要致富，关键靠支部"。农村基层党组织是党在农村工作的坚实基础和组织保障，党对农村工作的全面领导是我们农村事业发展的根本和核心保障。毫不动摇地坚持和加强党对农村工作的全面领导，确保党在农村工作中始终总揽全局、协调各方，是乡村振兴战略成功的关键。在当前新的发展形势下，必须把党的农村基层组织建设摆在更加突出的位置。新型农民职业培育也需要坚定不移地坚持党的领导，而乡村振兴战略的实施为新型职业农民培育提供了更强大的战略支撑，为新型职业农民培育提供了更加可靠的组织保障，有助于充分发挥党组织战斗堡垒作用和党员先锋模范作用，大力促进传统农民向新型职业农民转变。

2. 乡村振兴为新型职业农民培育指明了培育方向

乡村振兴战略的实施不仅需要大量的专业技术人才，更需要既懂专业技术又懂经营管理的复合型人才，同时，还需要有思想、有创意的合作组织的带头人。乡村振兴的人才来源离不开新型职业农民培育，因此，乡村振兴的人才需求导向为新型职业农民培育指明了培育的方向。通过积极探索农业企业经营型人才培养，结合"一带一路"倡议，完善农业对外发展和合作机制，为农业"走出去"、农业企业"走出去"等提供强有力的人才支撑。通过新型职业农民培育，激发农民的创业意愿及创业动力，提高他们的创新创业能力，使新型职业农民能够较好地发挥示范带动作用。通过发展"互联网＋"农业等新型业态，改善人才队伍素质结构，培育农业企业经营型人才和农业科技人才。

3. 乡村振兴为新型职业农民培育提供了政策支持

乡村振兴的目标内容主要体现在五个方面：产业振兴、人才振兴、文化振兴、生态振兴和组织振兴，这些目标的完成都离不开"人"，而新型职业农民的培育正是为了培育出更多的能完成这些振兴目标的"人"，理所当然会被重视。因此，乡村振兴可以为新型职业农民培育提供更多的政策支持。通过出台各种惠农政策，定期举办农业企业经营型人才示范培训，带动贫困地区开展相关培训活动等，还积极推动项目建设、经营用地、用水用电、金融保险、农业补贴、医疗社保等各方面扶持政策，大力支持新型职业农民培育。

4. 乡村振兴为新型职业农民培育提供了便利平台

灵活开放的培育培训实践形式是农村人才培育平台发展的基础。新型职业农民培训对象中绝大多数无法长时间离开具体岗位，虽然具有通过再学习和培训来提升自身素质能力的强烈需求，但是苦于没有时间，加之农村基础设施条件较薄弱，很多地方连基本的教学条件也不具备，所以很难实现全日制式的教育培训模式。乡村振兴战略的实施使农村地区互联网等现代化信息科技设施不断完善和发展，这为新型职业农民培育提供了便利的平台和完善的设施，现代互联网平台作为当前最灵活的开放式教育形式，既可以满足新型职业农民对不同侧重点的理论知识的学习，还能够不受农业农村基础设施的影响，做到时时学、刻刻学，不受时间的限制。乡村振兴的全面推进和实施适应了农村社会经济发展及农村学员对高等教育的需求，它将在全面振兴农村的过程中发挥其独特的作用，为加快农业农村现代化、新型城镇化进程以及农民整体素质的提高做出贡献，为新型职业农民培育提供更多的实践平台的选择，搭建出一个更加便利的人才培育发展平台。

三、实施乡村振兴与新型职业农民培育相辅相成

乡村振兴，关键在人才。新型职业农民培育为乡村振兴战略提供了强有力的人才支撑,而乡村振兴战略又为新型职业农民培育提供了便利的发展平台。两者相辅相成,共同促进农村农业现代化发展。实施乡村振兴战略将会为新型职业农民的培养创造更加有利的基础条件,乡村振兴是全面促进农村发展的科学战略部署,可以有效地解决农业农村发展中的问题和困境。培育新型职业农民是乡村振兴战略中人才振兴战略的重要内容,新型职业农民培育的发展将会推动更多新型职业农民的培育和成长,打造成为乡村振兴的中流砥柱,并且还将加快农业技术改革、农村生产规模扩大以及提升农民职业素质和文化修养。

乡村振兴背景下,积极开展新型职业农民的培育是为农业全面转型升级提供人才支持,也是农业农村现代化和全面巩固和拓展脱贫攻坚成果的内在需求。在经济发展过程中,农业一直是一个较为薄弱的环节,要想在中国特色社会主义现代化建设背景下充分发挥农业在国民经济中的基础性作用,就需要不断地革新农业技术,并不断加强农业生产管理创新,不断加快现代农业的发展,提高科技水平,提升农业发展的后劲和韧性,着力提升农民的职业和道德素养。而新型职业农民培育刚好目标在于解决这一问题,新型职业农民在农业生产中掌握了更多的科学文化知识和经营管理理念,对于农业产业结构调整与升级有着更深的了解,在农业市场竞争上会有着更独到的眼光以及较强市场的竞争力。而且新型职业农民除了专业素养突出以外,还具有较高的思想素质和综合文化素质,具备一定的法律知识和创新意识,在"互联网+"农业的发展中,新型职业农民更能够与时俱进,利用现代化信息技术和国家相关政策去发展现代农业,更好地推动农业转型升级与绿色发展。乡村组织和管理体制的多元化,为推动乡村振兴战略的实现、乡村治理现代化提供了不竭的新动力。

第二章

乡村振兴的现实需要

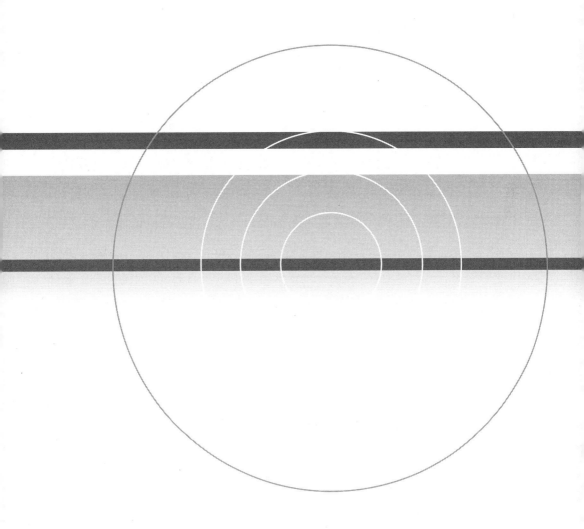

第一节　乡村振兴的战略意义

党的十九大中乡村振兴战略的提出对我国"三农"的发展具有划时代的里程碑意义。2018年的中央一号文件又对实施乡村振兴战略的指导思想、目标任务、基本原则和政策举措等方面做出了全面细致的部署。各级各部门为确保党中央的相关政策举措落地见效，首先必须要从党和国家事业发展全局的高度，深刻认识乡村振兴的战略意义。

一、逐步缩小城乡差距，全面建成小康社会

实施乡村振兴战略是解决我国城乡之间发展不平衡、不充分问题的迫切要求。乡村振兴是实现中华民族伟大复兴中国梦的重要组成部分，它的实施事关21世纪中叶我国能否建成富强、民主、文明、和谐、美丽的社会主义现代化强国。当前形势下，从整体来看，经过改革开放以及新型城镇化的发展，我国经济得到了跨越式的提升，但城乡差距、不平衡问题依然严峻。从地区的差距来看，各地城市间的差距较小，由于农村本身基础的薄弱性，底子薄、基础差，城乡之间的差距却在不断加大。习近平总书记指出："任何时候都不能忽视农业、不能忘记农民、不能淡漠农村；中国要强，农业必须强；中国要美，农村必须美；中国要富，农民必须富。"因此，实施乡村振兴战略，有助于深入推进农业供给侧结构性改革，有助于缩小城乡差距，更好地全面推进社会主义现代化建设，促进经济社会持续健康向好发展。

二、扩大农村发展空间，推动农业农村现代化

乡村振兴是加快农业农村现代化的必然要求。习近平总书记指出"没有农业现代化，没有农村繁荣富强，没有农民安居乐业，国家现代化是不完整、不全面、不牢固的"。近年来，在工业化、城镇化发展过程中，以往的新农村建设往往片面强调基础设施建设，农业农村现代化这个短板还没有补齐，在促进农业农村内生性发展、实现农业农村良性发展上，农业农村现代化没有充分发挥出应有的作用。一方面，盲目照搬照抄城市的发展模式，忽略了农村的自身特点和实际发展要求，不仅浪费了农业农村发展资源，更压缩了农业农村发展的空间；另一方面，造成了农村生产要素的大量流失，农村人才、资金、土地等生产要素持续单向流入城市，农业农村发展的支撑力量逐渐被削弱，发展动力不足。实践经验说明，只有实施乡村振兴，科学总结乡村发展经验，扩大农村开放发展空间，加大农业农村政策扶持力度，进一步聚拢农业农村人气，吸引要素流入，才能补齐农村现代化这个短板、农业现代化这条"短腿"，打开农业农村现代化发展的新空间，加快农业农村经济社会生态文化的全面振兴和可持续发展。

三、巩固农业基础地位，促进经济可持续发展

乡村振兴是促进经济社会可持续发展的重大举措。党和国家一直都非常重视"三农"问题，采取了一系列积极的政策和措施，促进了农业农村经济的快速发展，实现了农民收入的大幅度提升。党的十九大明确提出乡村振兴战略，把乡村与城市放在了平等的地位，注重发挥乡村的主动性，激发乡村发展的活力，建立了经济社会生态更加可持续的内生增长机制。虽然当前形势下，农业在国民经济中的份额处于相对下降的趋势，但农业的基础地位永

远不会改变。习近平总书记多次强调"任何时候都不能忽视农业、不能忘记农民、不能淡漠农村"。乡村振兴的实施为深化农村土地改革、推进产业结构调整、改善人民生活提供了强大的支撑，还为培育新产业、新业态、新模式、新农民提供了良好的基础。不仅可以进一步夯实农业基础地位，还可以通过加强农村基础设施和公共服务建设，扩大有效投资，改善消费需求，从而为经济社会发展注入新的动力，进一步巩固农业的基础地位，促进农业农村经济的可持续发展。

四、满足人民生活需求，努力增强人民幸福感

实施乡村振兴是人民对于美好生活愿望的客观要求。习近平总书记强调"乡村振兴要尊重广大农民意愿，激发广大农民积极性、主动性、创造性，激活乡村振兴内生动力，让广大农民在乡村振兴中有更多获得感、幸福感、安全感"。目前我国农村经济取得了突破性的成就，城镇化率也在不断提高，但是由于各种原因我国农村人口占比相对仍然比较大，即便将来城镇化率达到较高水平，仍会有几亿人生活在广大的农村地区。因此，农村的建设与农业的发展依然是一个巨大的挑战。从历史经验总结来看，只有着力推动实施乡村振兴，才能把农村建设好，才能把农业发展好，农民才能安居乐业，才能为城乡居民提供差异化、多元化的良好生产生活环境。农村的优美的风光、优秀的文化、优质的产品等都将是城镇居民消费的内容。繁荣、富裕、美丽的现代化新农村，不仅属于农民群众，也属于城镇居民。人民生活越来越富裕，生存环境越来越好，人民群众的幸福感、获得感会不断增强。

第二节 乡村振兴的现实挑战

通过审视乡村振兴的现状可以发现，我国目前乡村建设总体水平依然滞后，乡村人才振兴的瓶颈依然存在，乡村可持续发展的前景依然不甚乐观，乡村振兴依然面临诸多方面的挑战。

一、产业同质化竞争严峻，如何规避产业的趋同化

如何规避产业趋同化，提高产业融合度是乡村振兴面临的挑战之一。随着农业产业化的不断推进，乡村产业发展进程加快，产业发展过程中会遇到的各种问题也接踵而至。最常见的就是产业特色不明显，趋同现象比较严重，导致经济效益不理想。在同一产业中不同品牌的商品之间相互模仿，缺乏自身品牌个性，形成了同质化竞争。加之我国乡村产业经营的主要目的还是自给自足，生产者通常各自为政，难以形成规模经济效益。生产技术条件落后，质量检测监控条件较差，产品质量往往得不到保障，导致品牌效应不强。在农产品生产产业上长期处于中低端位置，只提供初级加工的农产品，缺乏进一步深加工、精加工，难以形成完整的全产业链条，无法实现从加工生产到物流销售一体化的发展方式。农产品附加值较低，产品销售也大多以本地市场为主，所得利润有限。休闲农业和乡村旅游产业形式也比较单一，大多还是以农家乐为主，或者开展自然风景观赏、古镇古村游览等项目，产业间的融合发展存在很大的问题，以至于造成乡村振兴战略难以全面深入贯彻落实。如何改善产业趋同化，提高产业融合度，使乡村振兴战略落实到位成为当下

最具挑战性的事情。

二、乡村振兴人才是关键，如何突破人才短缺瓶颈

乡村振兴战略的实施需要大批知识丰富、工作经验丰富、有热情、有干劲的乡村新型实用人才支撑，但在现实情况中，部分乡村地区振兴发展的实用人才十分缺乏，目前的农民适应生产力发展和市场竞争力的能力远远不足。乡村的优秀人才储备不够，人才短缺成为制约乡村振兴的重要瓶颈。第一，相关人员的素质有待提升，无法满足乡村振兴的发展要求。总体来看，农业主要从业者受教育的程度较低，部分从业者无法正确地认识乡村振兴的重要性，也不能够满足乡村振兴发展的技术技能标准。这使在乡村建设发展的过程中，不能将各种新型农业生产技术进行应用和操作，无法熟练掌握现代农业生产技术，对新技术、新知识的接受能力比较低，从而影响了乡村经济的发展与振兴。第二，现有的人才数量有限，部分无法担负乡村振兴发展任务。在社会经济文明的发展下，乡村地区的人才流失的现象比较严重。在有些更加偏远的乡村地区，年轻人越来越少，广大农村剩下的都是老弱病残幼。这种现象，使我国乡村地区的劳动力严重不足，因而无法更好地促进农业发展，加大了乡村振兴的难度。第三，人才结构良莠不齐，对乡村振兴造成了影响。现如今我国乡村地区的人才结构组成存在着较大的差异，老年人居多，人才质量相对较低，部分乡村地区的各种农业生产活动的展开，无法朝着科学的方向发展。有些人员虽然能够为乡村的建设贡献出一份力量，但却无法满足乡村振兴的更高层次、更高标准的要求，对于优秀人才的挖掘和培养存在一定的困难。如何打破人才的瓶颈限制，牢牢把握人才这个关键因素是实施乡村振兴战略面临的一大难题。

三、生态系统破坏较严重，如何整治环境污染问题

当前面临的严峻现状是部分乡村生态系统遭受严重的破坏，首先，因为部分村民违规无序建房、乱砍滥伐导致乡村的植被破坏、土壤退化、水土流失等一系列的生态问题。其次，乡村的基础建设规划、设计、审核不规范，例如修路、建厂、水利设施建设等由于没有进行系统的规划，导致乡村振兴初期的战略实施相对比较粗放，部分乡村振兴的基础设施建设对生态有一定的影响。再次，资源浪费情况比较严重。比如较多乡村对收割的作物秸秆乱堆乱放、肆意焚烧，未能使其得到充分的利用，造成一定程度上的资源浪费。最后，环境污染相对比较严重。比如，生活垃圾、畜禽粪便等未能及时有效处理容易带来水体污染、土壤污染以及大气污染。村庄工厂的粗放式生产经营也一定程度上带来大气污染和水体污染，甚至有时还会造成土壤污染。"绿水青山就是金山银山"，以绿色发展引领乡村振兴，有利于促进人与自然和谐共生，实现"生产美、生态美、生活美"的有机统一，不断增强农业生态产品生产和服务供给能力。如何在发展经济的同时，改善农村生态环境是乡村振兴战略实施的又一大挑战。

四、传统文化破坏较严重，如何保护乡村传统文化

我国优秀的农耕文明源远流长，寻根溯源的人文情怀和国人的乡村情结历久弥新，但是由于工业化、城镇化的快速进程，部分农村地区粗放式的经济发展模式，掠夺式的资源开发，严重地破坏了传统的村落文化，造成大量村民面临物质与文化流失等多重危机。青壮年常年外出务工，留守的妇女、儿童和老人无力传承和发展优秀的乡村文化，从而导致乡村文化的凝聚作用逐渐被削弱。在现代商业文明的同化下，广大农村传统文化价值理念逐渐衰

落，部分农村居民的价值观呈现"断裂"现象。现代价值观在短期内未能有效融入农村生活，与乡村经济社会发展相比，乡村文明建设显得较为滞后，难以有效满足村民对精神文化生活的需求。乡村传统文化的价值发现和挖掘不当。比如受到消费主义的影响以及对城市生活的向往，部分农村村民不愿意再继续坚守和传承农村的传统文化，导致许多优秀的传统技艺失传、丰富多彩的节日庆祝活动不再、历史悠久的民俗文化逐渐衰败。与此同时，封建迷信、赌博、奢靡消费、攀比等腐朽的"乡村亚文化"有抬头并呈广泛蔓延之势。在这样的现实背景下，如何保护并继承优秀的传统乡村民俗文化，从根本上改善乡风民风是乡村振兴必须解决的问题。

五、农村基层具有复杂性，如何加强基层组织建设

坚持党对一切工作的领导，加强农村基层治理是实现乡村振兴的必然要求。但从当前乡村治理实践经验中可以看出，虽然创新性地出现了"互联网＋""联村治理"等多种成功的案例，但是普遍存在的问题仍是尚未有效整合农村各个治理主体，各主体之间存在"选择性参与"，也就是乡村治理参与的范围、广度和深度各不相同。一是不能有效发挥基层自治组织的职能，基层群众性组织完善整合服务管理方面的能力不足，而当前形势下这种能力正好是基层组织治理所必备的。二是社会组织在农村的发展较弱，当前农村社会存在的问题是社会组织自身的综合能力较弱，负责人的综合素养不高，干事创业的主动性与积极性不强。三是基层党组织和其他治理主体之间的关系迷茫，对于农村基层工作中存在的基层治理问题，职责不清、权责不明，农村各治理主体之间"选择性参与"治理。必须进一步厘清基层党组织和其他治理主体之间的关系和各个主体之间存在的能力上的差异，才能更好地促进农村经济的进一步发展。农村基层社区具有多元性、复杂性和特殊性，如何处理好基

层党组织、村民自治组织、乡村社会组织以及村民之间的关系是实施乡村振兴战略的一大挑战。

第三节　乡村振兴的保障机制

一、坚持党的全面领导，建立实施领导责任制度

坚持和完善党对乡村振兴工作的全面领导，这是实施乡村振兴战略的根本保证。要建立健全党委统一领导、政府负责、农业农村主管部门统筹协调、相关部门各司其职的乡村振兴工作领导体制，建立实施乡村振兴战略领导责任制，形成党政一把手是第一责任人，齐抓共管乡村振兴的工作格局。成立相应的乡村振兴战略规划实施工作专项小组，承担乡村振兴战略的实施、推进和监督等职能。各级党委和政府及相关工作人员要提高对实施乡村振兴战略重大意义的认识，各级党政干部要真正把实施乡村振兴战略摆在优先位置，把党管农村工作的要求落到实处，强化乡村振兴规划引领作用，统筹部署一批重大工程、行动计划、实事项目，确保乡村振兴的各项任务落地。完善城乡统筹规划，加强各类规划的统筹管理和系统衔接。明确目标任务、示范标准和时间节点。因地制宜建立能够客观反映乡村振兴进展的指标和统计体系。

二、优化乡村人才结构，构建乡村人才振兴体系

乡村振兴的关键在人才振兴。人才是推动乡村经济社会发展的关键力量，人才兴旺也是乡村经济繁荣兴旺发展的重要标志。当前最紧迫的工作是为乡

村振兴注入人才振兴发展的新动能，组织实施乡村人力资源提升计划，培养乡村振兴发展的带头人，留住部分本土优秀人才，引进部分外来适用人才。主要做好以下几点：第一，加强乡村发展"带头人"队伍培养。首先，建立乡村后备人才队伍培养机制，从各个领域遴选乡村振兴发展需要的专业人才，在乡村振兴发展的实际工作中发现和挖掘本地乡村振兴发展的优秀人才，以综合应用理论培育教学、"传帮带"、"干中学"、"轮岗挂职"等有机结合的系统化的培养方式，全面提升乡村振兴后备人才的综合能力和素养，为每个乡村培养一支有激情、会干事的"带头人"队伍。第二，完善新型职业农民培育制度。通过新型职业农民培育培训，让农业从业人员的综合素养、知识技能层次水平得以全面提升，农业生产技术技能得到全方位的加强，强化对新型职业农民生产技能的普及性培训，健全新型职业农民按需进阶学历教育和参与农场实践教育培训的有效通道，逐步建立起新型职业农民认证管理体系。第三，吸引优秀的创业人才返乡、入乡干事创业。支持各地因地制宜建设农民创业园、农业创客空间、农村电商孵化园等各类创新创业发展平台，充分为创业者提供综合配套服务。鼓励专业人才为乡村振兴发展服务，加强财政资金对农业技术推广的支持，营造人才下乡的良好社会氛围，利用互联网等新媒体激发热爱乡村的人士为乡村振兴贡献自己的力量，吸引和对接青年志愿者进村入驻服务等行动，不断增加乡村人才的流入，吸引更多乡村人才返乡振兴发展乡村经济。

三、深化农村土地改革，建立土地资源配置机制

土地是乡村稳定和发展的基础。要想顺利开展乡村振兴，就必须深化农村土地制度改革，建立与人口和资本流动相适应的土地资源优化配置机制。传统的城乡分割的土地制度抑制了乡村多元价值的实现和城乡之间人口、资

本等要素的合理流动。近年来，党中央大力推动农村集体产权制度改革，这是针对农村集体资产产权归属不清晰、权责不明确、保护不严格等问题日益突出所提出的一系列的解决方案，有助于为乡村振兴战略实施提供土地制度供给保障和基础支撑。深化农村土地改革将促进乡村产业发展的规模化，而规模化的发展必将推动乡村产业发展效益化。在坚持农村土地集体所有制的基础上有效盘活乡村土地资源是推动乡村振兴的关键之所在。各级政府应顺应人口和资本在城乡之间的自由流动的趋势，不断深化农村土地产权制度改革，以扩大土地产权结构对非本集体成员的开放性为核心，以优化空间功能布局和提升土地整合效率为方向，为乡村振兴提供土地资源保障，助推乡村产业的要素集聚和活力释放，有助于获得更多改革红利。

四、坚持农业农村优先发展，建立涉农资金保障机制

首先，要合理划分政府和市场在乡村产业发展、基础设施建设还有生态工程等领域的职责。由政府承担的应通过调整公共资源分配结构，加大对农业农村的支持力度；由市场承担的应积极调动农民和其他市场主体对农业农村的投入。强化政策性金融引导力，发挥对农业农村优先投入的先导作用。扶持规范化农村合作金融，完善城乡金融融合和服务网络延伸下沉的渠道。面对当前城乡金融资源的"逆向"配置加剧了城乡发展的不均衡局面，要快速建立健全金融资源向农村的回流机制，强化财政资金优先投入的先导推动作用，加强引导金融资源回流的激励约束，以财政、金融、社会资本的聚力投入为乡村振兴提供强有力的资金保障。其次，要开辟新的资金投入渠道。提高土地出让收入（收益）用于支持农业农村发展的比例。在原来的基础上显著提升土地出让金收入用于农业农村发展的比例，将新增耕地指标、建设用地增减挂钩结余指标交易收益全部划入农业农村支出预算专项，提高国债资金中用于农业农村发展的比例,支持省级政府发行乡村振兴专项债。最后,要强化金融资源回流农村的激励约束机制。落实涉农贷款业务差异化监管制度,强化县域金融机构对农信贷投放的激励约束。将农户和农村经营主体贷款和农村资产抵押贷款的风险权重下调。建立涉农信贷保险制度,由国家和省级财政出资建立涉农信贷风险救济基金,用于补偿合规涉农贷款的不可抗力风险。拓展对农村金融机构涉农信贷的税收优惠。加强对农村金融机构的流动性支持,扩大支农再贷款和再贴现等规模。完善农村资产抵押筹资制度,为现代农业投资提供中长期的融资渠道。

五、强化科技支撑作用,健全基层农技推广体系

统筹各高等院校、科研院所和行业龙头企业等方面的农业科技研究力量,创新和突破优势特色产业技术瓶颈、构建农业科技创新体系,积极推进农业科技成果转化。开展全产业链关键技术集成创新和示范应用,着力解决特色产业生产技术瓶颈,提升农业科技自主创新和技术储备能力。加强农林种质资源保护,加快构建"育繁推一体化"现代种业体系。以整合科技资源、完善功能定位为重点,加强各级农业科技创新示范园区建设。不断提升农产品加工转化效能和农业综合科技进步水平。建立健全基层农技推广体系,充分发挥科研院所的力量,依托其技术和人才优势,聘请农牧业专家教授组成专家组团队,将高级技术专家、本地技术人员和乡土人才进行有机整合,组建农业产业技术创新与推广服务团队,开展农技服务活动,培育一批"有文化、懂技术、善经营"的农村实用人才和高素质新型职业农民。围绕特色产业发展,按照"一个主导产业、一个技术团队""一项生产技术、一个专家小组""一个示范基地、一名农技人员"的推广服务机制,逐步形成技术和资源优势合力,实现技术人员的效能最大化。充分发挥"尖刀班"驻村工作

队的合力作用，每村配备一名产业发展指导员，为所在村（社区）产业发展出谋划策。

六、强化目标任务考核，优化战略监督考核机制

依托各地区农村经济社会发展水平、地理区位、产业差异以及农民期盼等特性，分类有序推进乡村振兴相关工作。坚持规划先行、分类施策、循序渐进、尽力而为、量力而行的实施原则，聚焦重点任务，扬长避短。有序推进乡村振兴战略落地生根，实现个性化发展。加强乡村振兴战略实施总体规划考核监督，实行常态化督查制度，把乡村振兴工作纳入各级党政领导班子和领导干部推进年度工作重要考核内容，考核结果作为干部选拔任用的重要依据，推动乡村振兴工作落到实处。制定考核办法，确定约束性指标、重大工程、重大项目、重大政策以及重要改革任务，明确责任主体和进度要求。建立实施乡村振兴战略规划督查和奖惩问责机制，将其列入党委、政府重点督查清单，权责到人，确保督查有力，权责分明。

第三章

恩施州乡村振兴的实践探索

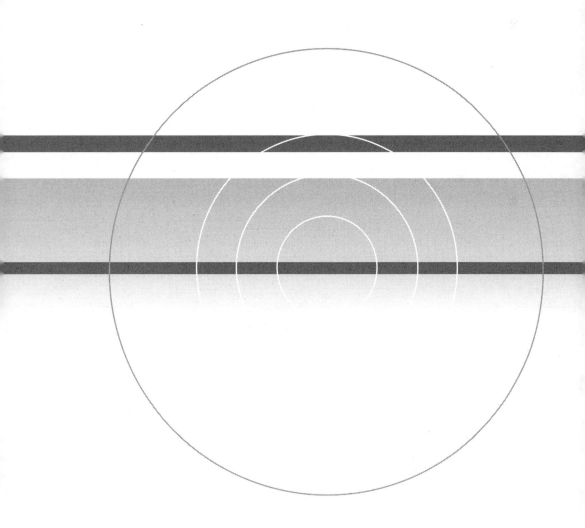

恩施州是中华人民共和国最年轻的自治州，是全国集中连片特困地区，也是湖北省重要的生态功能区，国土面积2.4万平方千米，境内绝大部分是山地，惯称"八山半水分半田"，属亚热带季风性山地湿润气候，四季分明，冬暖夏凉，雨热同季，雾多湿重。由于地形的原因，又形成了具有地区特点的多样化、多层次的立体气候，农业占比较大。据统计，2019年年末恩施州总人口402.10万人，常住人口339.00万人，其中城镇常住人口155.47万人，农村常住人口183.53万人。恩施州积极贯彻落实习近平总书记关于"三农"工作的重要论述和视察湖北重要讲话精神，以推进农业供给侧结构性改革为主线，以构建恩施山地特色农业体系和美丽乡村建设为重点，着力推进农业农村高质量发展，集中优势力量建设美丽乡村，加快推进农业农村现代化，创建全国民族团结进步示范区，初步实现了产业兴、文化丰、人才多、治理优、生态好的乡村振兴的良好局面，逐步形成了山区乡村振兴的优秀经验与实践模式，即"恩施模式"。

第一节　恩施州乡村振兴的基础条件

　　党的十九大提出实施乡村振兴战略的重大历史任务，恩施州积极抓住历史机遇，充分发挥特色农业优势，在更高标准、更高层次上推进农业农村现代化建设，推动农业全面升级、农村全面进步、农民全面发展。目前，恩施州八县市顺利脱贫摘帽，实现了与乡村振兴的有效衔接，为乡村振兴全面推进奠定了良好基础。恩施州通过不断巩固提升小康社会水平，加速推进乡村振兴，厘清农业农村资源条件和不足之处，盘活特色农业资源、激发市场潜力，取得了决胜全面建成小康社会的决定性成就，为开启全面建设社会主义现代化新征程、建成全国先进自治州，加快实施乡村振兴战略奠定了坚实基础。

一、农业农村经济发展良好

1. 农业总产值稳步上升

2019 年恩施州农林牧渔业总产值达到 329.14 亿元，2016 ～ 2019 年年均增速为 4.2%，增速高于全省平均增速 0.2 个百分点，且随着时间推移恩施州增速减缓程度明显弱于全省（见图 3 - 1）。

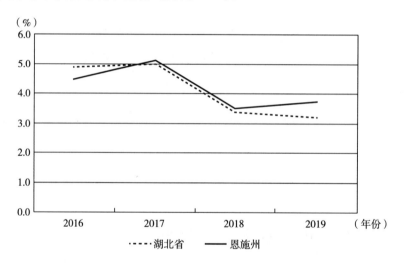

图 3 - 1   2016 ～ 2019 年恩施州与湖北省农林牧渔总产值增速对比

2. 农业增加值不断扩大

2019 年恩施州农林牧渔业增加值达 180.94 亿元，2016 ～ 2019 年恩施州农林牧渔业增加值年均增速为 4.0%，增速高于湖北省平均增速约 0.3 个百分点，低于全国 30 个自治州平均增速 1 个百分点，居全国 30 个自治州的增速第 19 位（见图 3 - 2）。

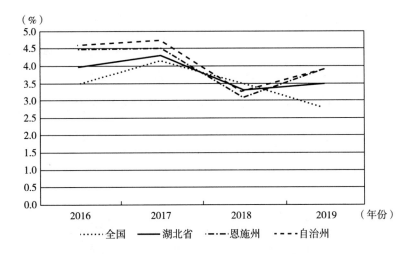

图3-2 2016~2019年恩施州农业增加值与全国、湖北省、30个自治州平均水平对比

3. 农民人均可支配收入不断增长

2019年恩施州农民人均可支配收入为11620元，2016~2019年年均增速高达9.9%，增速高于全省平均增速1.4个百分点，增速居全省第三位，增速高于全国30个自治州平均增速0.1个百分点，居全国30个自治州增速第12位（见图3-3）。

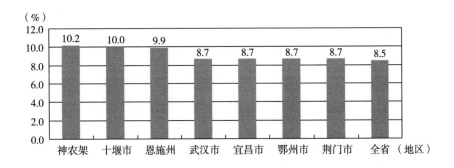

图3-3 2016~2019年恩施州农民人均可支配收入增速在湖北省水平

4. 产业结构不断优化

恩施州产业结构从 2015 年的 21.4∶36.4∶42.2 调整为 2019 年的 15.6∶25.8∶58.6（见图 3-4）。与此同时，也要看到与湖北省平均水平的差距（见图 3-5）。其中，2015~2019 年，农、林、牧、渔业产值变化较为稳定，平均增速为 5.9% 、-0.9% 、0.4% ，林业产值平均增速为 32.4% ，而农林牧渔业服务业产值平均增幅达到了 117.6% 。

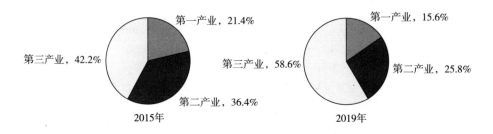

图 3-4　2015 年与 2019 年恩施州产业结构调整对比

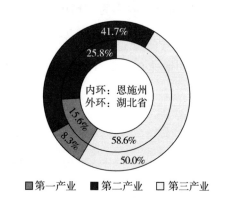

图 3-5　2019 年恩施州与湖北省三次产业结构对比

二、脱贫攻坚取得重大成果

恩施州积极推动习近平总书记在重庆召开的关于解决"两不愁三保障"突出问题座谈会重要讲话精神在恩施落实落地，制定出台了《关于抓紧开摸排解决"两不愁三保障"突出问题的通知》，明确各项工作重点，深入扎实开展摸底排查，全面找准和逐项解决"两不愁三保障"及整村脱贫出列突出问题。坚持以产业扶贫为抓手，按照"彰显特色，依托主体，产销对接，帮扶到户"的方式大力推进产业扶贫，实现了村村有主导产业，户户都有增收项目，特色产业"带贫率"达94.6%，高于全省0.6个百分点，高于全国2.6个百分点，形成了具有恩施特色的产业扶贫模式，为脱贫攻坚取得重要成果起到了关键的作用。恩施州729个贫困村全部出列，8个贫困县全部整县摘帽，贫困发生率由30.61%降至0.23%。

1. 义务教育条件全面改善

以保障义务教育为核心，全面精准落实教育扶贫政策，加大了财政投入。2019年，恩施州共投入教育扶贫资金3.82亿元，惠及贫困学生100多万人次。落实双线控辍保学责任，建立控辍保学工作台账和失学辍学动态监测机制，扎实做好劝返复学工作，确保恩施州义务教育阶段学校入学率100%，巩固率100%。累计投入资金22.04亿元，全面改善义务教育薄弱学校基本办学条件。

2. 医疗保障政策全面落实

恩施州11.5万建档立卡未脱贫的贫困人口由财政按照每年人均100元标准代缴养老保险，85.89万人符合条件的建档立卡贫困人口全部参加城乡居民养老保险，恩施州养老保险参保率100%。恩施州建档立卡贫困人口实际参加城乡居民医疗保险109.9万人，参保率100%。认真落实"四位一体"医疗保障政策（见图3-6）。2.4万贫困人口享受门诊特殊慢性病政策，报销费用3343万元；28.59万人次贫困人口享受住院治疗政策，住院总费用13.73亿元，报销费用11.77亿元，报销分担比例比2018年提高8.67%。

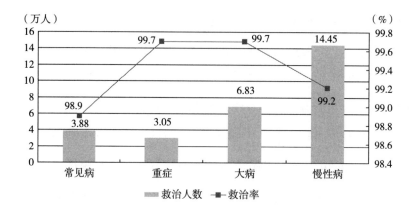

图 3 - 6　2019 年恩施州"四位一体"医疗保障政策落实情况

3. 住房和饮水安全短板逐渐补齐

2019 年，恩施州投入资金 8.79 亿元，全面完成 7.3 万户 24.03 万人易地扶贫搬迁任务，已搬迁入住 7.2 万户 23.92 万人，累计拆除旧房 5.3 万户，累计完成宅基地复垦和生态修复 3.02 万亩。按照"水量、水质、取水往返时间、供水保证率均达到国家脱贫标准"的要求，逐村逐户逐项摸排解决安全饮水不达标的问题。2019 年，恩施州共计解决了 16.97 万贫困人口饮水不安全问题。

三、产业化水平实现大提升

1. 特色产业体系基本形成

2016～2019 年，恩施州粮食产量稳定在 145 万吨以上，在确保粮食安全的基础上，以农业供给侧结构性改革为主线，坚持创新驱动，绿色发展，大力发展特色产业，烟、茶、果、药、蔬、畜等种植总面积已达 698 万亩（不含马铃薯），年均增长 7.9%，人均达 2.3 亩，特色产业对农民可支配收入贡献率达 68.3%。其中，茶叶 178 万亩，高山蔬菜 110 万亩，中药材 145 万亩，烟叶 35 万亩，均处于全省第一位。

2. 农产品工业加工门类齐全

围绕恩施州"四+N 产业集群"，推进恩施州全产业链发展，推动恩施州产业化水平不断提升。截至 2019 年底，恩施州规模以上农产品加工企业157 家，占规模以上企业数的比值为 53.4%。规模以上农产品加工企业产值126 家，占规模以上企业的产值比为 32%；硒食品精深加工企业数量达 3096家，总产值达 124.3 亿元。

3. 新型农业经营主体多样

据统计，2019 年底，恩施州新型农业经营主体总数达到 4526 家，其中，龙头企业 124 家，合作社 1501 家，家庭农场 2701 家，其他类型经营主体 200家。更多的种养大户、家庭农场、农村合作社在不断发展壮大。市场体系建设不断完善，逐渐形成了以批发市场为主体、专业市场为补充的农业经营主体体系。

4. 品牌建设成果显现

按照政府引导、协会运作、企业主体的思路，恩施州已成功创建恩施硒茶、恩施土豆等公用品牌 5 个，"恩施硒茶"注册为国家地理标志证明商标，"恩施玉露""利川红"成为第七届世界军人运动会等重大国际赛事和会议用茶，农业品牌价值不断凸显，"区域公用品+企业品牌+产品品牌"的品牌系统基本形成。

5. 营销方式不断丰富

恩施州已逐步形成直供直销、线上线下为一体的销售模式。恩施州已在州外建成品牌直销店 32 家，专营店 28 家。海外市场不断扩大，2020 年底自营出口企业 8 家，涉及茶叶、箬叶等产品，出口额度达 2300 万美元，出口目的地主要分布在欧美、非洲等国。同时以休闲旅游带动产品营销的方式全面兴起。大力发展休闲农业，已成功创建了全国休闲农业与乡村旅游示范州，恩施州休闲农业经营主体达到 1416 个，带货水平不断增强。

四、农业科技水平显著提升

1. 科技利用率增强

2016～2019 年，围绕产业发展出效益、品牌创建提声誉、综合质量有保障，在农业科技水平上进一步提升，促进农业农村全产业链逐步形成。冷链物流设备增加，通过项目实施，资金投入达到 8000 万元，建成气调库 16 个，冷库 12 个。农机装备增加了 108.49 万台套，农机总动力达到 245 万千瓦，农业机械化率达 52%。信息化水平提升，农业企业、农民专业合作社、家庭农场等农业生产主体的计算机覆盖率、网络覆盖率、从业人员手机覆盖率等基础设施条件达到了 100%。电子商务自主平台、三方平台和电子商务综合服务平台、网店、微商建设累计达 13125 家，实现农产品网上销售额 20.68 亿元，农村网购金额 18.6 亿元，分别增长 26.8%、16%、60% 以上。

2. 科技成果转化显著提升

一批科技成果获得国家、省科技进步奖，一批科技成果获得相关专利，通过转化应用服务于农业农村产业化发展，科技贡献率达到 25%；新型农民及实用人才培训面扩大。2016～2019 年，共培训各类农技从业人员 20 万次，其中培训新型职业农民 15.3 万人次，培训农村实用人才 47213 人次。

五、农村人居环境逐步改观

1. 基础设施逐步完善

农村危房改造、硬化路通村率、砂石路通组率、饮水安全普及率、稳定用电覆盖率、4G 信号覆盖率实现六个"百分之百"；恩施州现有所有行政村、自然村全部实现了通沥青水泥路，县道、乡道和通客运班车村道实现安防工程全覆盖。完成了高标准农田建设 157.62 万亩。

2. 农业生态环境治理显著

据统计，2019 年恩施州土壤酸化治理达到 211 万亩；面源污染治理达到 89.6%；畜禽粪污整县推进项目全部建设完成，畜禽粪污综合利用达到 68%；农作物秸秆综合利用率达到 90% 以上，化肥农药使用量保持"零"增长。

3. 农村人居环境不断优化

2019 年恩施州农村人居环境三年整治任务全面完成，农村户厕建设 29.4 万户，达标率为 94.8%；公厕覆盖率 52%，农户垃圾处理 47%；污水处理 56%；村级绿化达 84%，村庄环境面貌发生根本性改变。

六、美丽乡村建设持续推进

1. 美丽乡村建设成效显著

恩施州创建了 203 个省级美丽乡村示范村，42 个乡村振兴试点村，探索形成了具有恩施特色的美丽乡村建设模式，形成了一批具有可推广性的创建经验。恩施市盛家坝镇二官寨村、利川市建南镇联合村成为了中国美丽休闲乡村，恩施市白杨坪镇洞下槽村、利川市南坪乡营上村等一批昔日贫穷落后村庄实现华丽转身，成为美丽村庄，美丽乡村建设成效显著。

2. 乡风文明建设卓有成效

围绕社会主义核心价值观，开展"最美系列"评选，文明村镇、十星级文明户创建和道德模范、文明家庭表彰活动，2016～2019 年，累计评选 323 户。系统化推进农村殡葬改革，推动移风易俗，选树一批优秀村规民约，提升基层文化程度。开展送戏下乡 1345 场，文化艺术知识普及培训 932 场，农村体育文化活动 8116 场。

3. 乡村治理建设逐步夯实

农村基层党建工作取得明显成效，实施基层党建整体推进，基层党组织引领作用、党员示范带头作用明显增强，其中，恩施州首府所在地的龙凤镇党委被中共中央表彰为"全国先进基层党组织"，党群干群关系更加融洽，农村社会和谐稳定。恩施州"四位一体"镇村治理体系有效建立，宣传基层治理好做法，矛盾纠纷层级调处经验有效推广，完善了横向到边、纵向到底、便捷高效的网格化体系，维护了基层和谐稳定。2019 年 1 月共 2310 个村和186 个社区完成了"两委"换届，村级组织建设得到有力加强。平安乡村累计达到 86 个，成为"平安恩施"建设的重要组成部分。

4. 乡村文化体系初步形成

2016~2019 年，传统村落民居和历史文化名村名镇、特色村寨得到有效保护，民族文化特色彰显，传统村落 100 个，特色村寨 49 个，历史文化名村5 个。乡风文明建设成果显著。出现了全国村级"乡风文明建设"村，40 个乡风文明建设示范村；涌现出"时代楷模""中国好人""荆楚楷模""恩施楷模"等优秀代表。

第二节 恩施州乡村振兴的发展环境

随着欧美逆全球化思潮在多个领域涌动，不稳定因素逐渐增加，又加之新冠肺炎疫情和恶劣气候变化的影响，国际经济形势更加严峻，使粮食安全等问题逐渐突出。国家高度重视农业农村发展，一个以"农业、农村、农民"为重要环节的国内循环和国际国内双循环发展的新格局正在形成。在这样的大背景下，恩施州要认清当前发展形势，充分发挥自身特色优势，弥补自身发展短板，抢抓发展机遇，迎接发展挑战，认真贯彻实施乡村振兴战略。

一、恩施州乡村振兴的发展优势（S）

1. 交通区位优势明显

恩施州的交通区位优势明显。北靠神农架，南通张家界，西临渝黔，东接荆楚，是川渝东出、东部西进的"桥头堡"，是连接长江中游城市群、成渝经济区、关中城市群、黔中城市群的交通枢纽。当前，以高速公路、铁路、航空、水运为核心的立体交通网络已初步形成。正在不断完善快捷航空、高效铁路、高速公路，着力建设国省干线骨架网、农村公路循环网、内河航道畅通网和智慧交通信息网"四大网络"。恩施州内农村公路路网建设加快推进，截至目前，88 个乡镇全部通沥青水泥路，2512 个建制村全部实现通达。为乡村振兴的进一步实施奠定了良好的发展基础，特别是为乡村振兴提供了广阔的发展空间，有了巨大的市场和便利的物流运输体系支撑，更有利于经济、文化之间的深度沟通与融合，促进恩施州乡村全面振兴。

2. 硒资源蕴含丰富

硒资源是恩施州最为独特的资源，恩施州内拥有"世界唯一探明的独立硒矿床"，是"全球最大的天然富硒生物圈"，据调查研究表明，恩施州表层含硒土壤分布面积 2.3 万平方千米，占恩施州国土总面积的 95% 以上，其中表层富硒土壤分布面积 1.3 万平方千米，占恩施州国土总面积的 54% 以上。近年来，恩施州依托硒资源优势，促使"硒＋"产业模式不断发展完善，以富硒产品精深加工为主的农业企业如雨后春笋般破土而出。有效促进了全面深化改革，推动了经济结构转型升级。绿色崛起，特色开发，恩施经济正在湖北经济中发挥越来越重要的作用，"富硒资源"已成为恩施州的新名片，这为乡村振兴提供了产业发展的新思路，继续做大硒资源精深加工，继续强化硒资源这一特色增长极，有效地促进乡村振兴的实施。

3. 全域旅游发展良好

恩施州处于神奇的"北纬30°"上，区域内与长江三峡、张家界两大国家级风景旅游区形成中国旅游的"金三角"。恩施州已建成3家5A级景区、18家4A级景区，是全国高等级景区最密集的地区之一。游客满意度连续多年位居全省第一，而且开放了临时航空口岸，具有打造世界知名旅游目的地的资源禀赋。恩施州具有多项世界级旅游资源，恩施大峡谷、利川腾龙洞、梭布垭石林、恩施土司城等，区域内民族特色鲜明，气候宜人，恩施州委州政府不断加强全域旅游示范区的建设，使恩施市跻身首批国家全域旅游示范区。仅2019年一年，接待游客7117万人次，增长14.5%；实现旅游综合收入530亿元，同比增长16.5%。腾龙洞大峡谷地质公园晋升为国家地质公园。巴东县绿葱坡高山滑雪场建成运营，开启了恩施冬季旅游的序章。中国山地马拉松利川站、宣恩水运会、巴东长江冬泳等全国性体育赛事蓬勃开展。一批美丽乡村的建设，提升了基层治理水平，增强了基层文化建设，有利于文化的发展。天南海北旅游人员的汇集，有利于恩施"走出去"面向更多的市场，得到更多的发展空间，同时，全域旅游发展有利于一二三产业的深度融合，进一步促进乡村振兴战略的实施。

4. 绿色发展基础良好

恩施州水环境质量不断改善，地表水考核断面水质均值、县级集中式饮用水水源地水质达标率均有不错成绩。据统计，截止到2019年底，恩施州土壤环境质量稳步提升，治理酸化土壤面积228万亩，现已建成全国绿色食品原料基地8个、全国有机农业示范基地4个、省级农业标准化示范县市3个，国家有机、绿色认证总量居全省首位。州委、州政府始终坚守绿色这一生态底色，厚植绿色优势，坚持绿色崛起，生态崛起，坚决打赢生态环境保卫战，生态建设成效显著，为乡村振兴的生态振兴奠定了坚实的发展基础，有利于人与自然和谐共生，改善人居环境，坚持走绿色发展之路，提高人民生活水平，增强人民的幸福感。

5. 政策支撑明显

恩施州位于我国中部与西部这两个经济带的结合部分，是湖北省唯一纳入西部大开发范围的地区，是中华人民共和国最年轻的自治州，也是湖北省唯一的少数民族自治州。在很多方面受到国家、省的政策制度的倾斜与支持。面对疫情防控常态化，恩施州坚持创新机制、加大投入、严格考核多位一体一把抓，不断加大财政投入，完善原有财政投入政策，调整财政支出结构，加大财政支持力度，为乡村振兴战略实施提供了强有力的政策支撑，表现出了强大的"后援"能力。在新的发展阶段下，国家、省大力支持恩施地区的发展，出台一系列的优惠政策和疫后重振措施，加快乡村振兴战略实施和经济发展。恩施州委、州政府自身更是高度重视，积极贯彻落实相关文件和讲话精神，确保乡村振兴战略顺利实施和社会经济持续向好发展。

二、恩施州乡村振兴的发展劣势（W）

1. 生态环境较脆弱

农业生态环境制约进一步加大，早期的粗放型经济增长和掠夺式资源开发利用方式对生态环境的影响还未完全消退。农业发展受耕地、水资源、劳动力、环境的约束日趋严重。养殖业和加工业污染问题依旧存在，规模养殖场粪污处理设施装备配套率相对较低，过量施用化学肥料、农药导致农业面源污染比较严重。秸秆综合利用水平较低，市场化经营主体缺乏。农村污水治理、生活垃圾处理建设仍然存在短板。耕地、水源地等环境综合治理还处于不断完善阶段。部分乡村支次管网和接户管还未建立，污水收集率低；垃圾分类刚起步，村民垃圾分类意识不强，仍存在零星焚烧垃圾、河道垃圾乱堆、公路两侧垃圾乱放等情况。另外因为生态环境保护工作涉及面广，牵涉部门较多，人、财、物投入不够，治理效果见效慢，农村生态建设和农业绿色发展任务艰巨。

2. 科技利用率不高

恩施长期以来缺少大中型农业科研院所的支撑，现代农业起步较晚，主要农作物生产环节上综合机械化利用水平整体不高，农机经营主体发育不全面，实力较强的农机合作社很少。农业主体的科技自主创新能力比较薄弱，农业龙头企业的科研创新投入仍然不足，科技的转化能力较弱。缺乏科技创新力量，农业科技创新队伍力量薄弱。据统计，截止到2019年底，恩施州农技服务中心在岗农技人员1351人，每个村平均仅有0.5人，加上信息化、机械化程度不高，科技手段欠缺，乡村振兴面临着技术上的阻碍。缺乏有力的科技创新企业带动，集"育繁推一体化"的企业偏少，科技投入不足，科技成果转化数量不足。与省外、州外相比较，科研平台数量、规模存在一定的差距。农产品流通体系搭建上不健全，缺乏大型物流平台及电商营销渠道。冷链物流也存在弊端，不能满足现有物流的需求。直接导致产业发展缓慢，乡村振兴推进困难。

3. 现代化农业发展不强

恩施州农业生产仍以分散的小农户经营为主，主要是用于自给自足。产加销、贸工农等环节条块分割、联结松散，规模化、集约化、产业化程度不高；龙头企业规模数量偏少，体量偏小，以初级加工为主，研发能力弱，农产品创新不够；市场和流通仍然是制约农业加快发展的瓶颈。农业生产中重数量、轻管理、轻投入，广种薄收现象还比较突出，导致农产品的商品率不高。由于资金短缺等因素，对现有茶、果、药、蔬、畜等一些产品品牌打造、包装和宣传力度不够，农产品的市场竞争力不强，农产品精深加工或系列开发未形成，农业加工业标准化程度相对较低，经营分散，各自为营，特别是受传统观念制约，农民对农村经济合作组织认识不够，导致农业集约化发展整体规模不大。受地理、资金、人力和技术等因素的制约，农产品加工转化率较低，精深加工产品种类偏少，附加值低，农业产业长期处在初级产品生产和提供原材料的程度。

4. 思想解放程度不够

一是广大干部群众思想解放仍然不够，农民思想落后，仍然有大部分群众还存在自给自足、安于现状的心理状态，生产活动仍然是传统小农业生产模式，作坊式生产现状依然存在。没有一定的创新创业意识，畏首畏尾，不敢进行市场化改革，一味地故步自封，不敢积极主动地融入全国的大市场。二是教育培训缺失，人才培养严重不足。整体教育质量不高，对人才的培养重视程度不够，缺少实现乡村振兴发展的专业化、技术化及创新型人才，自主创新意识薄弱，产品创新能力不够，产业效能不强。三是主体作用发挥不够明显，广大农民仍然将乡村振兴当作政府的任务，农民只是被动接受培训，他们参与新型职业农民培育的积极性不够，主体性不强，发挥的作用微乎其微。

5. 区域发展不协调

一是恩施州城乡之间发展存在不平衡。近年来随着新型城镇化战略的推进，恩施州城乡发展不平衡的差距有所缩减，但城乡二元结构远没有完全消失，并随着农业农村改革的不断深化，市场化程度不断加深，利益纠纷也随之不断增多，涉及法律服务、教育、医疗、住房等方方面面，致使城乡差距缩小不明显。二是内部经济发展不平衡。近年来，随着农业农村"硬件"建设方面发展相对比较快，农村道路建设、住房建设等有显著改观，农民收入也在持续增加，但"软件"方面的改观比较缓慢，比如基层组织力量不强，乡村治理比较滞后，农村法治建设仍然比较欠缺，树立文明乡风的任务依然比较艰巨，思想观念的转变还存在一定的阻碍，需要一段时间才能彻底地改变。三是资源禀赋的不平衡。由于恩施州农村占地面积广，海拔梯度大，各地区之间气候、土壤相差较大，农村之间发展不均衡，区位条件较好以及资源丰富的乡村特色主导产业发展势头强劲，而部分处于大山深处、交通不便、资源贫瘠的乡村，由于获取外界信息不畅，难以确定非常鲜明的特色主导产业，村集体经济几乎处于空白，增收致富困难，这都直接或者间接影响乡村振兴的发展。

三、恩施州乡村振兴的发展机遇（O）

1. "三农"地位得到强化，农业发展转型升级

中国面临的国际形势复杂多变。国际经济发展趋势以外向型经济为主转向经济内循环为主、国内国际相互促进的"双循环"趋势。恩施州乡村振兴受中美关系及全球政治经济环境的影响而不稳定，逆全球化态势继续扩展，贸易保护主义抬头，使主要农产品如粮油、豆类、肉类等依赖进口保供给将不可靠，民生产品进口非稳定性风险增加。为保证粮食安全，自给自足，农业将变得更重要，特别是绿色、生态、优质、安全的农产品供给和需求明显增加。保安全，保稳定，国家对农业农村投入加大，"三农"的重要地位进一步强化。农业发展将出现新转变。全球经济体开始出现不同程度的减速趋势。农业发展的增速放缓是大概率事件，由长期的高速增长向中、低速度转变。不得不使农业由追求增产转向增产提质，新技术、新产业、新业态、新商业模式将不断涌现，将首先在新型主体中得到推广运用。

2. 疫后农业重振政策优厚，绿色发展优势突显

疫情催生新业态。中央支持湖北发展，湖北大力支持农业龙头企业利用5G、人工智能、大数据、区块链等技术，实施企业网络化、生产智能化、产品数字化改造升级，搭建网络销售平台。省政府出台了疫后重振补短板强功能"十大工程"三年行动方案，聚焦经济社会十大领域，其中由农业农村部门牵头负责新一轮高标准农田建设，参与生态环境补短板工作。从中央到省"一揽子"疫后支持政策将促使恩施州农业农村发展基础条件发生质的变化。恩施州自身力求突破，各种政策措施轮番上阵，助推绿色发展。不断统筹资金建设农产品加工强县、农业产业强镇、农业产业化示范园、农产品加工园、现代农业产业园等产业平台。保障乡村重点产业和项目用地优先审批，保证农业龙头企业用电优惠。对农业龙头企业采取降息、减息、调整还款期限等措施进行扶持，促使恩施州农业农村发展条件更完善。绿色发展优势凸显，大力推进全域绿色化生产，农产品质量安全监管体系基本形成，特色农产品品质与竞争力明显提升。测土配方施肥、畜禽粪污资源化利用、生态循环农业、绿色防控技术等绿色生产新技术新模式得到广泛推广应用。恩施州鄂西绿色发展示范区的打造，争当践行"两山"理论"排头兵"，明确了恩施州绿色发展总基调。恩施州"国家生态文明建设示范州"创建成功彰显了生态优势。生态产业化、产业生态化方式受到推崇。农村面源污染治理成效显著，农药化肥减量、耕地土壤环境质量提升行动广泛实施。推进国家级生态文明建设示范县（市）和省级生态乡、村创建，"国家森林城市""国家园林城市"等创建活动不停歇，绿色发展的理念深入人心，绿色发展带来的社会效益和经济成果丰硕。整州创建绿色发展先行区的行动将恩施州的绿色发展推向新阶段。

3. 农业农村发展势头强劲，推动产业优化升级

恩施州特色优势农产品品牌众多，农业产业化发展基础较好，文化旅游资源丰富，具备发展特色化、品牌化、标准化、绿色化现代农业的基础条件，尤其是农村一二三产业融合发展、城乡融合发展有着广阔的发展空间。数字化农业和数字化乡村建设为农业农村发展提供了重要支撑。站在新的历史起点，在新的历史背景下，农业农村发展正处于大变革、大转型的关键时期，恩施州结合自身优势迎难而上，发展势头强劲。近年来，以5G、区块链、非接触式产业为标志的新一轮技术突破期到来，信息产业、智能产业、生物生命产业等新经济将促进农业加快迭代升级。以产业数字化、数字产业化为发展主线，以数字技术与农业农村经济深度融合为主攻方向，以数据为关键生产要素，着力建设基础数据资源体系，加强数字生产能力建设，加快农业农村生产经营、管理服务数字化改造，以云计算、大数据、虚拟现实、"互联网＋"、物联网等为代表的"新基建"与农业产业深度融合为农业现代化发展提供了良好的宏观环境和技术支撑，资源和资本等发展要素的融合速度将因此加快。用数字化引领驱动农业农村现代化，为农业农村跨越式发展提供了重要支撑。信息化、智慧化、低碳化等带动"创新发展"成为产业发展新方向，为恩施州发展"四新"经济提供难得机遇，推动产业不断优化升级，农业经济持续向好发展。

四、恩施州乡村振兴的发展挑战（T）

在全国上下致力新冠肺炎疫情防控取得明显成效的背景下，农业农村的发展仍然面临诸多不确定因素，一方面，国际经济形势的风险加剧、危机四伏。各种利益驱动的逆全球化行为给我国的农业农村发展带来了很难估量的干扰和冲击。另一方面，新冠肺炎疫情暴发曾一度带来恐慌性的农产品抢购，疫情防控又给农民生产生活、农村稳定提出了严峻考验。面对如此复杂的国际国内环境，应该如何防范化解各类农业风险、保证农民生活富裕、促进农村社会稳定，既是恩施州当前农业农村发展需要着力破解的重点任务，也是未来需要持续加大力度重点攻克的时代命题。

1. 农业增产与提质增效双重压力

随着人民生活水平显著改善，城乡消费需求和消费结构优化升级，对中高端、多元化、个性化农产品的需求快速增长，这将对恩施州现有农业结构、生产方式带来巨大挑战。发展生产优质高效特色农产品，提升农产品质量和竞争力，加快品牌建设，推动农业由数量优势向品牌优势转变刻不容缓。同时，随着农业现代化经营主体的不断涌现、生产经营方式的不断创新、农村人口加速向城镇流动和国内外竞争的加剧，客观上又给恩施州现有农业生产方式、经营方式、组织方式带来挑战。尽快解决千家万户小农生产与千变万化大市场融合对接不充分的矛盾，提升农产品有效供给水平，提高农业发展的质量和效益是恩施州实施乡村振兴亟须解决的问题。

2. 乡村产业转型升级与产业融合带来挑战

乡村产业正在不断由一产为主，向一二三产业深度融合发展转变。新业态、新模式正在全方位大规模向农村渗透，推动农村产业链条延伸和农业功能不断拓展，一二三产业融合发展进入快速发展时期，农业不再是单一的农业，乡村不再是传统的乡村，乡村的经济价值、生态价值、社会价值、文化价值日益凸显。同时城乡消费结构转型升级对农业功能提出新要求，在确保粮食安全基础上，加快农业供给侧结构性改革，提高质量效益成为新时代农业发展的主题。恩施州如何把现代信息技术融入农业产业各个环节，培育壮大"互联网＋""旅游＋""生态＋"等农业新业态、新模式，推动农业与旅游、文化、康养等深度融合将是一个全新的挑战。

3. 龙头企业经营与农民持续增收双重困难凸显

宏观经济下行压力传导效应逐渐凸显，尤其是新冠肺炎疫情将对乡村产业发展、龙头企业经营、农民就业增收等增加困难和挑战。怎样稳增长、稳就业、稳增收，促进乡村产业发展，将是乡村振兴发展将面临的重要挑战。农产品价格"天花板封顶效应"和生产成本"地板效应"的"双重挤压"日趋突出，金融支持农业发展的体系尚不健全，农业担保机构发育不充分，农业抵押物缺乏的问题仍未解决，农业融资难、融资贵的问题仍然存在。农业龙头企业经营困境凸显：作为带动农业农村发展的农业龙头企业，当前经营困境呈现双重叠加的态势，不确定性增强。周期性因素和非周期性因素叠加：除了经济下行和行业发展的周期性因素外，行业和企业转型以及一些偶发因素等，都从不同层面促使农业龙头企业经营困难。传导性因素与内源性因素叠加：经营困境的出现既有金融去杠杆的外部因素，也有企业自身盲目扩张的经营策略失误导致积重难返，加之原材料及人工等成本上升，尤其猪肉价格飞涨在为生猪养殖企业带来利好的同时，也导致了相关生产环节成本的激增。农民增收渠道拓展难度加大：在经济下行压力加大和粮食价格持续低迷的背景下，农民传统的增收手段即工资性收入和经营性收入减少，农村新业态的发展又很难在短时期内形成带动广大农民增收的强劲动力，财产性收入和转移性收入虽然因农村改革的推进呈现持续增长的态势，但难以发挥农民增收主渠道的支撑作用。

4. 农业农村发展新驱动力不足与旧驱动力减少并存

近年来，农村新产业、新业态、新模式发展迅速，尤其是新消费的崛起，对绿色、安全、生态食品的需求急剧增长。新产业方面，以休闲农业和乡村旅游为例，已由原来的单纯休闲旅游，逐步拓展到文化传承、旅居康养、生态涵养等多个方面，在空间布局上也从零星分布向集群分布转变，休闲农业成为城市居民休闲、旅游和旅居的重要选择，成为农业农村发展的新亮点。但整体上看，恩施州农村"三新"还尚未形成能够有效支撑农业农村发展的强大动能。同时，以投资拉动为主的传统驱动力呈下滑趋势。在农业农村优先发展的战略框架下，农业投资尤其是新项目、大项目投资的持续减少，将导致恩施州乡村产业面临发达地区的高端打压和欠发达地区中低端挤出的双重压力，农业产业转型面临新旧产业断档的挑战。

第三节　恩施州乡村振兴的实践路径

实施乡村振兴战略是有效解决人民日益增长的美好生活需要和不平衡不充分发展之间矛盾的必然要求，是实现人民共同富裕的战略选择，是加快恩施州现代农业高质量发展的必由之路。深化农业供给侧结构性改革，推进农业由增产导向转向提质导向，有利于加快构建现代农业产业体系、生产体系、经营体系，不断增强农业农村创新能力和竞争优势。

一、实施乡村产业振兴战略，壮大特色产业规模

1. 做大做强农业特色产业链

在稳定粮食作物生产能力的基础上，适度扩大特色产业规模，发展中高端特色农业，打造全国知名的生态富硒产业基地。做大做强"烟、茶、畜"产业链，推进马铃薯主粮化发展，统筹推进"菜、果、药"产业，实现"一乡一业、一村一品"产业布局（见图3-7）。一是特色粮油产业链。以优质籼稻、优质玉米为主，推进籼改粳和富硒大米生产，加大特色小杂粮种植规模和产品开发，开发山茶油、山桐子油、花生油等优质油品，提高粮油副产品的综合利用水平。二是烟草产业链。以现代烟草企业为龙头，推动烟草产

业转型升级，带动配套产业发展，提升"清江源"烟草品牌市场竞争力，打造全国现代烟草农业建设示范区。三是硒茶产业链。严格按照绿色、有机、含硒的标准要求，推动茶叶产业全域全程标准化发展，开发茶饮料、茶食品、茶日用品等高附加值产品，做好茶产业与工业、硒产业、旅游业、信息产业以及文化产业的结合，打造一批茶叶企业集群，将"恩施硒茶"打造成全国知名品牌。四是畜牧产业链。开发生产传统风味肉制品、速冻冷鲜肉制品、真空干燥肉制品、旅游休闲肉制品等，建设武陵山区畜产品重要基地。五是马铃薯产业链。推进马铃薯主粮化发展，建设脱毒种薯繁育基地、加工原料薯基地、鲜食商品薯基地，培育马铃薯深加工企业，打造"恩施硒土豆"区域公共品牌。六是蔬菜产业链。以县市城区或种植基地邻近村庄为重点，强化"菜篮子"工程建设，加大精细菜种植比重，做大做强"大山鼎"高山蔬菜公共品牌。发展蔬菜精深加工，配套冷藏库，加快蔬菜商品化处理，提高蔬菜商品率。七是水果产业链。引进和推广优良水果品种，推广高接、套袋、精选等园艺措施，推广绿色及有机果品生产、加工、贮运技术，重点打造"巴

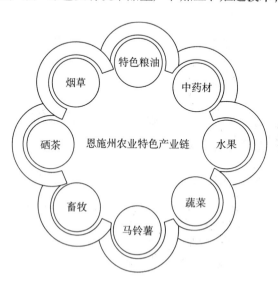

图 3-7 恩施州农业特色产业链

东脐橙""贡水白柚""关口葡萄""益寿猕猴桃""硒谷核桃"等品牌。八是中药材产业链。建设一批 GAP 生产基地和出口基地,发展中药材初加工、中药饮片加工、中药制剂加工,提高"利川黄连""板桥党参""恩施紫油厚朴""建始贝母""巴东玄参""咸丰白术"等品牌竞争力。

2. 培育新型农业经营主体

一方面,扶持壮大农业产业化龙头企业,做强龙头企业,稳定"农心",大力实施市场主体增量工程、中小企业成长工程、税收过千万企业培育工程、产值过亿元企业壮大工程"四大工程",推动规模以上工业企业呈倍数增长。规范发展各乡镇之间农业合作,加快发展家庭农场,鼓励农业产业化联合体发展,提升农业产业组织化程度,构建产业链条完整、区域合作、差异发展的"一乡一业"高质量发展布局,着力推进茶叶、蔬菜、中药材、薯类、葛根粉、蜂蜜、魔芋等特色农产品精深加工企业改造升级和新产品研发,重点建设一批具有代表性、延伸产品价值高、产加销一条龙、市场竞争力强的农业产业化龙头企业。另一方面,突出抓好农民专业合作社、家庭农场两类农业经营主体。实施家庭农场培育计划,开展农民专业合作社规范提升行动,促进龙头企业提档升级,推进农业社会化服务组织建设。支持各类新型农业经营主体融合发展。按照标准培育一批"六有"农民专业合作社、"六有"家庭农场和"六有"社会化服务组织,培育一批高素质的农业经营管理人才,组建一支新型职业农民队伍为经营主体服务,为恩施州特色产业高质量发展提供人才支持。

3. 建设现代农业产业园

充分利用特色资源禀赋优势,重点围绕特色优势产业布局,壮大特色产业体系,着力打造出恩施州现代农业产业园发展新格局,形成以国家级现代农业产业园建设为引擎,推动现代农业产业园培育工程建设。以创品牌、提品质为目标，以地理标志产品为主体，重点围绕优势特色主导农产品和农业加工品，建立特色农产品加工专业合作社，建设生产、加工、销售"一条龙"服务的现代化经济合作组织，整合恩施州特色农业资源优势，着力打造特色农产品的区域公用品牌。并将绿色发展理念贯穿于产业园建设全过程，全面推行农业绿色生产，探索可复制可推广的区域绿色生态循环发展模式，引领示范全域绿色发展。另外，将创新发展理念融入产业园建设全过程，全面推进科技创新、产品创新、政策创新、组织管理创新。依托恩施州独特的地理、气候及生态资源、特色产业资源及发展基础，补齐补强产业链条，初步形成技术研发投入、合作交流、服务保障为一体的机制，构建现代农业产业园发展体系，高质量发展恩施州特色产业，延长特色产业链条，建立全产业链式的特色产业发展体系。

4. 健全农产品质量安全追溯体系

建立和完善农产品质量安全追溯体系，全面开展农产品产地环境监控、农业投入品监管、农产品标准化生产过程管控、农产品产地准出检测、农产品收贮运监管等。运用大数据、物联网、区块链等信息技术推动监管方式创新，积极探索智慧监管、高效监管、精准监管。做好农产品质量安全监管执法工作。适时开展农产品质量安全专项整治、监督抽查工作。提升农产品质量安全检验检测能力水平。构建标准化、统一化的农产品检验检测技术培训制度，加强农产品质量安全检验检测业务技术交流。加强农业面源污染治理。开展土壤改良、土壤酸化治理，加强土壤障碍物修复治理。发展生态循环农业，推进畜禽粪污、农膜、秸秆综合循环利用。规范实施农产品质量安全监管，强化农产品生产主体自律，规范农业投入品管理，持续实施化肥和农药减量行动。做好病虫害预测预报及绿色防控工作，完善动植物疫情监测防控体系，提升动植物保护能力。全面保障特色农产品的质量，树立恩施州特色农产品的品牌，着力推动特色农业可持续发展。

5. 推动一二三产业深度融合发展

多主体、多维度推进恩施州"农业＋"模式创新发展，促进农业与康养、体育、教育等产业融合，推动要素跨界配置和产业有机融合，提升农村一二三产业价值链，将恩施打造成全国知名的健康养老基地。首先，推进农业与康养产业融合。依托本地自然资源，在严格保护生态环境的前提下，统筹山水林田湖草系统，发展以农业生态游、农业景观游、特色农（牧、渔）业游为主的休闲农（牧、渔）园和农（牧、渔）家乐等，以及森林人家、健康氧吧、生态体验等业态，打造一批休闲农业精品景点、线路，创建一批休闲农业品牌，形成武陵山区森林养生体验区。其次，推进农业与体育产业融合。扩大山地马拉松、汽车越野拉力赛事等的影响，打造宣恩贡水河、长江三峡（巴东）等水上运动基地，开发建始花坪、巴东绿葱坡等山地运动，打造一批山地运动基地。再次，推进农业与教育融合。组织开展一批具有地方特色的"茶园开园节""土豆（油菜）花儿节""插秧节""果蔬采摘节"等农事节庆活动，按照田园观光、农耕体验、文化休闲、科普教育等目的，建设一批农业教育和社会实践基地，引导中小学生参与农业科普和农事体验。最后，推进农业与加工流通业、信息产业等产业融合。推进农商融合、线上线下融合，拓展农产品销售方式，畅通销售渠道，发展会员农业、创意农业等新业态。

6. 推动农产品流通及品牌建设

一方面，大力推进恩施州农产品品牌创建，构建完善的品牌体系。推进区域公用品牌、企业品牌、产品品牌等创建，形成中国驰名商标引领、州域公用品牌统筹、"三品一标"作支撑、企业品牌为基础的品牌发展格局。着力打造"利川红""恩施玉露""恩施硒茶"茶叶，以及恩施土豆等农产品的区域公用品牌，加强品牌注册商标和地理标志产品保护。将"恩施玉露""恩施硒茶""利川红"打造成中国驰名商标和中国名牌产品。力争"恩施玉露""恩施硒茶"品牌价值进入全国前 30 位。另一方面，构建多渠道的农产品流通模式，完善农产品批发市场建设，扩大订单农业，应用"大户/农村专业合作社 + 农村经纪人/组织消费者 + 消费者（组织/个体）"流通渠道。大力发展电子商务，培训电子商务实用技能，应用"农户/中间商 + 电商平台 + 消费者"流通渠道，建设知名的农产品产地交易市场。动员农产品批发市场、农贸市场、商超、食品加工企业、集团采购单位与各类农产品生产主体建立稳定联系，按点对点、就地就近原则开展常态化产销对接，加大本地农产品采购力度。促进邮政及物流配送进村，便利产品出村进城。

二、实施乡村人才振兴战略，构建人才支撑体系

实施新型职业农民培育工程，如现代青年农场主培训工程、农村实用人才培养计划、农业科技推广人才培养计划、返乡下乡创业创新人才扶持计划，打造农技推广、生产经营、农业技能服务型人才和新型职业农民队伍。重点加大对农村"两委"成员、农村集体经济组织负责人、新型农业经营主体负责人、创业带头人等培训力度，着力构建乡村振兴的人才支撑体系。

1. 培育新型职业农民

全面建立职业农民制度，实施新型职业农民培育工程，支持培养一批职业经理人、乡村工匠、文化能人、非遗传承人等。围绕茶叶、粮油、蔬菜、旅游等乡村产业发展实际，在保护传统乡村文化的基础上，以家庭农场、农民合作社、农业企业等新型农业经营主体领办人和骨干为重点，将田间课堂教学和理论讲授教学相结合，开展操作技能、经营管理、市场营销等各类培训。依托市、镇、村三级电商公共服务网络，对村两委成员、专业合作社负

责人、种植大户等，开展农产品电商培训。结合乡村旅游发展需求，重点培养一批乡村旅游、自驾车旅游、户外旅游、森林养护、节事庆典、旅游电子商务、旅游安全、智慧旅游等技术人员，以及导游、餐厅、宾馆、商场等服务人员。

2. 建设农村专业人才队伍

强化农技推广队伍建设。积极引导"三支一扶"大学毕业生到乡镇农技推广机构服务，引导其在农业生产一线从事与农技推广有关的生产、经营、服务活动。每年从乡土专家、种植大户、新型农业经营主体技术骨干、一线农业科研人员中遴选特聘农技员，从事公益性农技推广服务。进一步加强农技推广人员聘用、农技推广岗位责任、农技推广人员工作考评、农技推广人员培训、多元化农技推广等制度建设，完善基层农技推广长效运行机制。优化乡村医生队伍结构。鼓励优秀大专医学生毕业后到乡镇卫生院或村卫生室工作，通过多种形式，力争引进一批大专以上学历医学毕业生，提高农村医疗水平。引导公办医疗机构退休医师返乡到村卫生室坐诊，给予一定金额的岗位津贴。提升乡村教师队伍水平。实施乡村学校特级教师岗位计划，设置乡村学校特级教师岗位，选派骨干教师到校任教，提高乡村学校教学质量。加强乡村教师培养培训，每年定期组织乡村学校教学、管理骨干到国内教育先进地区开展集中培训。加大农村中专业人员的培养，积极发挥人才的支撑作用。

3. 培养乡村基层干部队伍

进一步健全完善基层干部队伍保障机制，培养造就一支懂农业、爱农村、爱农民的基层干部队伍。加强乡镇干部队伍建设，重点培养配备熟悉现代农业、村镇规划、社会管理、产业发展等方面的高素质复合型党政人才，选拔政治素质高、工作能力强、熟悉"三农"工作的干部进入领导班子，培养一批优秀的年轻后备干部，注重从脱贫攻坚一线选拔实绩突出、群众公认的好干部，重视妇女干部、少数民族干部的培养。加强村级干部队伍建设，深入实施基层党组织"领头雁"培养工程，把青年农民致富能手培养成党员，把党员致富能手培养成村级干部，把优秀村级干部培养成村支部书记、村主任。实行村党组织书记专职管理，健全村党组织书记优化调整市级备案管理和市级联审机制。注重吸引高校毕业生、复退军人、外出务工返乡农民、优秀民营企业经营管理人员回村（社区）任职。

4. 全面推进"三乡工程"

鼓励能人回乡，成立专业队伍。打造创业孵化基地、众创空间等人才服务平台，出台有利于调动青年人返乡创业积极性的政策，尤其在金融、项目等方面给予大力支持，做好统筹城乡一体化发展工作，实施新乡贤培育与成长工程，引导村内老党员、老干部、人大代表、退伍军人、经济文化能人等群体扎根本土，发现、培养、壮大新乡贤队伍。推进市民下乡，盘活沉睡资源。结合恩施农村现状，鼓励和引导下乡人员按照法律法规和政策规定，通过承包、租赁、入股、合作等多种形式，创办领办家庭农场林场、农民合作社、农业企业、农业社会化服务组织等新型农业经营主体。出台相关的扶持政策，鼓励支持以租赁、合作方式，利用空闲农房盘活农村闲置资源，以创建一批康养村、民宿村、体验村、创意创业村为发展目标，促进农村价值新发现、功能再开发、一二三产业的深度融合发展。推动企业兴乡，丰富经营业态。以富硒农产品及加工副产物综合利用试点园区、试点企业为重点，以财政贴息和税收减免为杠杆，撬动金融资本和社会资本投入，完善融资贷款、配套设施建设补助、税费减免、土地供应等扶持政策，促进农业产前、产中、产后紧密相连。通过"企业兴乡"，建设一批扩大投资型、龙头带动型、村企共建型、对口扶贫型、服务带动型、全产业链型的乡村和产业综合体，促进农村产业发展。

5. 优化人才发展环境

强化人才政策支持。加快构建乡村人才创新创业的政策支持体系，积极整合各级农业、林业、水利、人社、科技、教育、卫健等部门对乡村人才的激励保障政策，以政策落实落地效应，促进乡村人才创新创业。健全乡村人才工作津补贴和社会保障制度，对在乡镇挂职人员同等享受下乡补贴，对符合条件的新型职业农民落实城镇职工养老、医疗等社会保障。结合实际制定灵活的乡村人才扶持政策，采取投资补助、贷款贴息、以奖代补等方式，对乡村创新创业人才在金融信贷、场地租赁、土地流转等方面给予政策扶持，激励各类人才在基层建功立业。优化人才服务保障体系，坚持事业留人、感情留人、待遇留人，对各类人才在子女入学、医疗保险、创业投资等方面提供优先便捷服务，积极解决工作和生活中的困难。利用各级新闻媒体对上山下乡、回报家乡、干事创业中的先进典型进行宣传报道，营造尊重人才浓厚氛围。

6. 探索乡村人才振兴新模式

探索乡村人才振兴新模式，增加农业农村发展新动能。紧紧围绕乡村人才振兴战略，找准实施乡村振兴战略的突破口，探索恩施乡村人才振兴新模式，加速构建乡村人才新平台、健全乡村人才振兴新机制、破解乡村人才发展瓶颈、开拓乡村人才要素流动与有效供给新通道。挖掘内在潜力，大力培养本地技术人才。根据恩施州实际情况，按季节、作物种类和农产品重要生产环节等有组织地开展高素质农民培训工作，依托特色产业基地将高素质农民培育、科研、培训、良种繁育基地等硬件基础设施建立起来，通过不同层次人才引进与培育，壮大科研队伍和培训所需的师资力量，对接省内外科研机构及高校，提升农民的农业技术水平，打破特色产业生产瓶颈，培养本地技术人才。突破人才"留住难"的困境，突出一线选人用人导向，对长期在农村工作且表现突出的人才，优先推荐为各级人大代表、政协委员、村"两委"班子成员和入党积极分子，对实绩突出的优秀干部，在职务晋升或竞争性上岗时优先推荐，让愿意留在乡村、扎根基层的人才留得安心。

三、实施乡村文化振兴战略，繁荣发展民族文化

以社会主义核心价值观为引领，以保护和传承红色文化为核心，以大力发展土苗特色民族文化为主线，完善农村公共文化服务体系，繁荣农村文体事业，提升农民思想道德素质和精神文明素养，保护和传承恩施州革命老区优秀的红色文化，大力发展恩施州土苗特色的民族文化，为实现乡村振兴提供文化凝聚力。

1. 保护和传承红色文化，促进红色旅游融合发展

优化恩施州革命老区红色乡村旅游发展布局。整合恩施州红色旅游资源，彰显红色旅游品牌，形成以鹤峰满山红景区为龙头，以全省红色旅游精品线路巴东金果坪红三军后方医院（含绝壁天河）—建始店子坪当代红色旅游基地—鹤峰满山红景区—五里坪革命旧址群为重点，鹤峰、来凤、宣恩、咸丰等地红色旅游加快发展，恩施、利川、建始、巴东等地红色乡村旅游联动发展的红色旅游发展新型格局。挖掘优势，突出特色，充实旅游项目，完善公共服务设施，在州城建设红色文化历史博物馆，培育1~2个在全省具有重要影响力的核心品牌，以及一批在恩施州革命老区发挥示范带动作用的重要品牌。

促进红色旅游融合发展，充分发挥"旅游+"融合带动功能，把红色旅游发展与生态文明建设、新型城镇化、美丽乡村建设结合起来，统筹旅游与相关项目建设，推进红色旅游资源与周边自然生态、传统文化、特色乡村等旅游资源的综合利用，推进红色旅游与农业、工业、服务业的融合发展，放大红色旅游综合效应，促进老区经济社会发展。结合弘扬社会主义核心价值观，深入挖掘红色旅游景区所蕴含的红色文化内涵，着力将红色旅游景区打

造成爱国主义教育基地、群众路线教育基地、廉政教育基地、革命传统教育基地、理想信念教育基地等，使红色旅游景区成为恩施州革命老区广大党员、干部、群众特别是青少年传承优良革命传统、加强党性锻炼、培养爱国情感、培育民族精神的重要阵地和重要课堂。充分发挥恩施州革命老区生态良好、民族特色鲜明的优势，大力发展"红绿"结合的旅游业态和乡村旅游扶贫工程，充分发挥旅游"产业式链条"扶贫优势，使越来越多的群众通过旅游业脱贫。结合湖北"乡村旅游后备箱"工程，扎实开展乡村旅游扶贫富民工程，鼓励革命老区群众参与红色旅游景区配套服务，提供餐饮、住宿等经营活动，促进红色旅游、乡村旅游融合发展。加强旅游开发帮扶和技能培训，引导革命老区群众因地制宜发展种养业和特色手工业，开发特色红色旅游商品。

2. 保护传承土苗文化，打造独具特色文化品牌

以"土司文化""女儿会"文化为重点，深入挖掘恩施州乡村民俗文化。积极开发利用土家族、苗族、侗族等少数民族的特色民风民俗，创建一批土苗民族文化产业特色乡镇、特色村、文化传承示范学校和文化产业群，大力推动农村地区实施传统工艺振兴计划，培育形成具有民族和地域特色的传统工艺产品。大力保护和传承优秀民族文化，打造独具恩施特色的土苗文化品牌。抢救性保护土苗语言等文化遗产，加快民族文化资源数字化建设。突出民族建筑特色，将吊脚楼、风雨桥、杆栏阳台等建筑符号融入乡村建设。在重点行业和区域实施民族服装着装工程，强化民族文化的辨识度和区域特色。挖掘优秀民族文化资源，创作少数民族文化艺术精品，推进民族文化进校园、进景区、进村组。推进民族文化与乡村旅游融合，开发一批具有民族文化符号的民俗产品，组织民族文化表演和竞赛活动，组织农民参与民族文化产业，促进民族文化资源与现代消费需求有效对接。

3. 保护乡村传统文化，促进乡村文化传承和创新

传承保护乡村传统文化基因。以历史文化名村、中国传统村落、全国特色景观名村等一批受保护的村落为乡村文化保护试验村，重点从几个方面加强保护。创新乡居建筑工艺传承方式，通过写生创作实习基地、网络综艺节目、恩施古建设计展览周等活动将恩施乡居建筑文化传承下去和传播出去；乡居的民宿化转型利用，利用古建筑、古院落、空心村等资源，与浙江民宿品牌运营商等市场主体合作，推进恩施乡居建筑文化在旅游度假民宿中的应用；改变乡村文化消费习惯，通过印制村庄明信片，创办村刊，编纂乡史，创办乡村网站，举办传统仪式、节庆活动、民族体育运动、读书节等各种文化活动，培训绣娘、农民画家、农民音乐家、土家大厨等方式，改变农民以看电视、打牌下棋为主的单一文化娱乐方式，促进乡村文化传承和创新；实施乡村文化遗产保护工程，修缮民族村寨、传统建筑、农业遗迹等物质文化遗产，完善非物质文化遗产保护传承机制；丰富乡村传统文化形态，将盐道文化、皮影戏、堂戏等文化元素植入旅游产业开发，促进文旅融合。创造性转化、创新性发展传统文化，培育傩戏、恩施扬琴、土家三棒鼓等民间艺人、非遗传承人，壮大一批文化企业，创作传统文化题材的文艺精品，打造西兰卡普织锦等文化精品，提升文化产品的观赏性、纪念性、艺术性和收藏性。充分挖掘乡土情怀，创新思维，促进乡土文化创新与发展。

4. 践行社会主义核心价值观，巩固农村思想文化阵地

践行社会主义核心价值观。坚持教育引导、实践养成、制度保障三管齐下，采取符合农村特点的方式方法和载体，深化中国特色社会主义和"中国梦"宣传教育，广泛开展理论宣讲和百姓宣讲活动，大力弘扬民族精神和时代精神。加强爱国主义、集体主义、社会主义教育，深化民族团结进步教育，开展民族团结进步示范创建进农村活动。注重典型引领，深入实施时代新人

培育工程，推出一批新时代农民的先进模范人物。把社会主义核心价值观融入法治建设，推动公正文明执法，彰显社会主流价值。巩固农村思想文化阵地。推动基层党组织、基层单位、农村社区有针对性地加强农村群众性思想政治工作。加强对农村社会热点难点问题的应对，合理引导社会预期。健全人文关怀和心理疏导机制，培育自尊自信、理性平和、积极向上的农村社会心态。深化文明村镇创建活动，进一步提高市级及以上文明村和文明乡镇的占比，广泛开展星级文明户、文明家庭等群众性精神文明创建活动。深入开展"扫黄打非"进基层。重视发挥社区教育作用，做好家庭教育，传承良好家风家训。完善文化科技卫生"三下乡"长效机制。

四、实施乡村生态振兴战略，建设生态宜居家园

牢固树立"绿水青山就是金山银山"理念，统筹山水林田湖草系统治理，管好山、用好地，强化乡村水利设施建设，重视节水和水环境保护，重视土地资源高效利用，形成农业农村绿色发展新格局，认真开展废弃物综合利用，完善生态保护机制，推动形成乡村生态振兴与绿色发展方式，打造农民安居乐业的美丽家园，让良好生态成为乡村振兴的支撑点。通过进行"厕所革命"和垃圾分类处理等手段推动生态振兴，坚持人与自然和谐共生，坚持走乡村绿色发展之路。

1. 强化乡村水利设施建设，重视节水和水环境保护

强化乡村水利基础设施建设，创新水利发展体制机制，加强乡村水资源配置工程建设，解决农业生产生活用水安全，普及节水灌溉技术。加强恩施州河流水库管理，做好河流水库产权界定工作，落实专项管护经费，建立管护人员聘任、培训、持证上岗制度，健全完善"河长制"。重视农田水利等薄弱环节，全面推动高标准农田建设，按照多筹多补、多干多补原则，加大

"一事一议"财政奖补力度，充分调动农民兴修农田水利的积极性。全面加快水利基础设施建设，加强水资源配置工程建设，积极推进政策支持和制度保障。建立水利投入稳定增长机制，多渠道、多途径增加对小型农田水利建设和管理的投入，引导集体、个人增加对小型农田水利的投入。不断创新水利发展体制机制，完善水资源管理体制。加快水利工程建设和管理体制改革。健全基层水利服务体系。积极推进水价改革，围绕乡村振兴战略和美丽乡村建设目标，加快推进城乡供水融合发展、一体化发展、规模化发展，进一步完善供水工程体系，推进供水工程标准化改造、规范化管理、智能化服务，增强运行管护能力。高度重视节水和水环境保护，加强节水型社会建设，大力普及节水灌溉技术，进一步提高水资源的利用率。有效遏制水生态环境恶化趋势，主要河流重要的水功能区达标，水质明显改善，城镇供水水源地水质全面达标，水生生物资源得到有效养护，自然保护区、重要湿地、风景名胜区、少数民族聚居地等生态环境优先保护区域和对象得到有效保护。基本建立最严格的水资源管理制度，初步建立跨县市、跨乡镇和跨部门的协调机制。

2. 重视土地资源高效利用，形成农业农村绿色发展新格局

重视农村土地资源的高效集约节约利用与可持续开发，推进农田林网生态修复和生态管护体系建设工程，大力发展恩施州山地特色的生态农业和生态林业，促进农业农村的比较优势与生态优势向产业优势和经济优势的转变，实现生态产品价值市场化。充分利用生态价值和生态优势，以企业、产业链和园区为载体，大力发展生态经济，建设农业循环经济示范区，培育农业循环经济龙头企业，引入补链企业和辅助性企业，加强上下游产业对接，形成农产品精深加工等循环经济产业链，构建生态型农业产业共生网络，全面提升农业农村资源能源利用效率，构筑生态产业新活力，打造恩施州农业"生态增长极"。推进生态农业与5G、人工智能、区块链等产业融合，加快形成

"农业 +"的新业态、新动能、新模式。推动恩施乡村生态文明建设，推动恩施州乡村生态文明高质量发展取得重大进展，全面形成恩施州农业农村绿色发展新格局。强化农业农村的资源节约与生态环境保护，进行体制机制改革，创建生态文明建设示范区、打造绿色生活模式、建设生态乡镇和生态村，建立健全农业农村绿色发展长效机制、生态环境保护治理机制、生态文明制度体系，形成有利于资源节约、环境友好的农业农村可持续发展的体制机制。

3. 认真开展废弃物综合利用，完善生态保护机制

着力开展农业生产废弃物、种植养殖附属物、生活垃圾等的综合利用，认真开展农业农村污染源综合治理研究，变废为宝，循环利用，促进农业农村生态和环境建设的良性发展；切实加强以"互联网 +"为主体的信息技术的示范和推广，切实开展以地方病为主的常见病预防和治疗技术研究，认真开展好涉及全社会的重大、共性、关键技术的研发工作，为恩施州农业农村经济建设和社会发展提供技术支持。实行最严格的生态环境保护制度，严守生态保护红线、永久基本农田、城镇开发边界。落实资源有偿使用制度，实行垃圾分类和资源利用化制度，健全自然资源监管体制。开展环境容量研究，建立环保基础设施长效运营保障机制。完善监测网络，建立生态环境监管大数据平台，夯实生态环境监管基础，实施清单式管理和分区目标管理，理顺生态环境监管体制机制，建立完善联防联控机制。建立生态文明建设目标评价考核制度，严格落实企业主体责任和政府监管责任，开展领导干部自然资源资产离任审计，加大生态文明指标的考核权重，对不顾生态环境盲目决策、造成严重后果的实现问题追溯和责任终身追究。

4. 改善农村人居环境，建设美丽宜居村庄

以建设美丽宜居村庄为导向，营造村容整洁、环境优美、管理有序的农村人居环境。推进乡村绿化、美化、亮化、净化，形成独特的土苗乡村风貌。

整治公共空间和庭院环境，消除私搭乱建、乱堆乱放。利用本地资源，因地制宜选择村庄建筑材料。推进村庄绿化，利用闲置土地开展植树造林、湿地恢复等活动，建设绿色生态村庄。完善村庄公共照明设施，深入开展环境卫生整洁行动，积极创建卫生乡镇、卫生村庄。加大传统村落民居和历史文化名村名镇保护力度，尊重村庄现有格局，突出山水特色、土苗风情、历史文化，全域提升农村形象。实施"百村示范、千村整治"行动，以农村污水、垃圾、厕所治理为重点，整治提升农村人居环境，建设美丽乡村。加强农村污水治理，实现乡镇生活污水处理厂全覆盖且稳定达标运行，中心村全部实现雨污分流和污水集中处理、达标排放。鼓励散居农民采用兴建化粪池、沼气池、生态湿地等方式处理生活污水，实现生活污水分户处理全覆盖。建立健全"户分类、村收集、镇转运、县处理"的城乡生活垃圾管理体系，实现生活垃圾减量化、资源化、无害化。全面实施"厕所革命"，加强乡村公共厕所建设和标准化管理，实现农户无害化厕所全覆盖。建立政府引导、农民主体、社会参与的农村人居环境整治机制，鼓励专业化、市场化建设和运行管护。支持村级组织和农村工匠等承接村内环境整治项目，把当地村民培养成为环保设施运行维护的重要力量。有效利用土地耕地资源、水资源、旅游资源等自然资源及衍生资源，全面推进美丽乡村建设，增强乡村发展能力，美化乡村人居环境，聚焦垃圾污水处理、村容村貌提升等重点环节，开展美丽宜居村庄、最美庭院、水美乡村和绿美村庄创建活动，推动农业农村绿色发展，改善乡村整体面貌和农民生活环境，推动村容村貌整体提升。

五、实施乡村组织振兴战略，构建乡村治理体系

以农村基层党组织建设为主线，树立"全周期管理"意识，充分发挥村在基层治理中的前沿哨所作用，夯实乡村治理根基，创新"三治联动"基层治理体系，促进自治、法治、德治有机结合，着力健全完善乡村组织体系，激发乡村各类组织活力，推进乡村治理体系和治理能力现代化。

1. 夯实乡村治理根基，强化农村基层党组织核心作用

加强农村基层党组织对乡村振兴的全面领导，以农村基层党组织建设为主线，以提升组织力为重点，突出政治功能，把农村基层党组织建设成为宣传党的主张、贯彻党的决定、领导基层治理、团结动员群众、推动改革发展的坚强战斗堡垒，发挥党员先锋模范作用，扎实推进党建巩固和拓展脱贫攻坚的成果，全面推动乡村振兴工作，建设适应乡村振兴需要的镇办领导班子，把懂农业、爱农村、爱农民的干部放到乡村振兴的第一线；打造过硬农村党组织，实施"双强"书记培育工程和"村级后备干部培养计划"，选树一定数量的过硬党支部建设先进典型。加强村党组织对共青团、妇联等群团组织的领导，发挥他们的积极作用。加强流动党员管理，成立外出务工党员和"候鸟"旅居党员流动党支部。积极适应农业农村现代化要求，加大在农民合作社、农村企业、农村社会化服务组织中建立党组织力度，及时调整优化合并村组、村改社区、跨村经济联合体党组织设置和隶属关系，切实加强党组织对农村各类组织的领导。树立"全周期管理"意识，充分发挥村在基层治理中的前沿哨所作用，夯实乡村治理根基。实施"红色头雁"工程、强化基层党组织建设、持续整顿软弱涣散村党组织、发挥党在乡村治理中的先锋模范作用。

2. 激发群众内生动力，着力深化群众自治机制

着力深化群众自治机制。严格落实"四议两公开"制度，充分利用村务公开栏、微信公众号、手机短信等多种媒介，推进村务事项从结果公开向全程公开转变，保障群众知情权、参与权、建议权、监督权。健全村务监督委员会，完善监督制度，推进村级事务阳光工程建设。严格实行村干部和村集体经济组织负责人经济责任审计和离任审计。建立完善协商制度，涉及群众

利益的重大事项必须协商于民，尊重群众意愿。剥离不属于村委会的事务性工作，切实减轻村委会负担。建立以村（居）民评议意见为主导的考评机制，加强对村（居）委会工作的考核，强化考核结果运用。健全村务档案管理制度，加强村务档案归档、保管和使用管理。激发群众内生动力。强化农民主人翁意识，引导农民群众主动参与乡村建设。弘扬巴东"绝壁天河"的拼搏精神，激活农民奋斗意识。加大乡村振兴政策宣传力度，引导农民群众主动作为。尊重并合理采纳农民群众的意见，维护农民群众在村庄建设管理中的知情权、参与权、监督权。

3. 推动平安恩施建设，完善乡村法制建设体系

推进乡村法治建设。开展"法律进乡村"活动，逐级培训法律宣讲员，逐户培养法律明白人。继续开展民主法制示范村（社区）创建活动，不断加强乡村法制文化阵地建设。加强农村党员干部的法制教育，提高广大干部的法制思维和依法办事能力。进一步修订完善村规民约，创新推行"一统三治"基层治理模式，打造基层治理的"升级版"。加大法制宣传力度。加大法律知识宣传力度，因地制宜推进乡镇法制文化广场、法制文化长廊、法制文化橱窗、法制文化宣传栏等体验式法制宣传阵地建设。推进平安乡村建设。深入开展扫黑除恶专项斗争。大力推进农村社会治安防控体系建设，推行"一村一警"。完善以公安民警（辅警）为主力，以巡防队为补充，以网格员为触角，部门协作、群众参与的动态防控网络。大力开展平安乡村创建，以创建全省平安县（市）为目标，大力开展平安乡村创建。强化乡村安全生产监管，防范各类事故发生。进一步增强农村消防工作力量，在千人以上村庄建立义务消防队，加强火灾防控工作。全面实施"雪亮工程"，坚持科学规划布局，合理确定监控点位，率先建成一批"雪亮工程"示范，再逐步扩大实施范围，各乡镇按要求完成建设任务并接入恩施州平安城市监控平台达到共享共用的目的。

4. 着力深化"三风"建设，不断提升德治水平

强化德治组织力，建立完善农村基层德治工作体系，推动乡风文明理事会、红白理事会、道德协会、禁赌协会等群众自治充分发挥德治主体责任，充分发挥基层工会、共青团、妇联等群团组织的作用，培育能人乡贤，探索建立乡贤志愿服务站，以致富能人、威望贤人、企业法定代表人及退休干部职工等群体为重点，广泛吸纳本土、外出、外来等乡村精英，发挥其带头示范和组织引导作用，把群众身边的道德失范等不良习气和社会现象抓细抓小抓实，不断净化社会风气。深化"三风"建设：开展好家风好家训收集活动，对收集的典型优秀的家风家规进行整理成册、总结提炼、向社会推广，并将好家风家规融入村规民约、道德讲堂，讲述家风故事，传承家风文化。进一步规范壮大村居道德评议会、村民议事会和红白理事会等群众自治组织，修订完善村规民约，探索制定具有恩施特色的乡风文明建设评价体系。广泛开展诚实守信、信用至上、诚信兴业、履约守信等主题宣传实践活动，培育农村行业品牌。强化道德教化作用：挖掘乡村熟人社会蕴含的道德力量，引导农民见贤思齐，弘扬讲仁爱、重民本、守诚信、崇正义的时代价值。举办道德讲堂，宣传道德模范人物，推崇尊师重教、尊老爱幼、遵德守礼的文化。开展群众性精神文明创建活动，使德治生活化、常态化。支持农村宗族祠堂功能转化，加强无神论宣传教育，抵制封建迷信活动。

第四节 恩施州乡村振兴的保障机制

各级党政机关、广大人民群众要充分认识到实施乡村振兴的重大战略意义，实施乡村振兴战略是党和国家的重大决策部署，必须要把实施乡村振兴

战略与新旧动能转换重大工程紧密结合起来，把农村发展摆在优先位置，科学配置资源，强化责任落实，坚持党的领导，明确部门职责，建立健全政府、市场、社会三方协同推进机制，形成乡村振兴的强大合力，推进乡村振兴战略顺利实施。

一、加强组织领导，强化组织保障作用

健全乡村振兴战略领导工作机制，实施党委统一领导，落实党政齐抓共管，统筹协调乡村振兴相关工作。建立实施乡村振兴战略领导责任制，坚持党政一把手是第一责任人，充分发挥决策参谋职能，加强政策指导，推动落实乡村振兴战略，并做好督导检查工作。党政一把手要对涉及乡村振兴的重大政策、重大投入、重大项目、重大工作，亲力亲为，履行好第一责任人职责。充分发挥基层干部的作用，为乡村振兴献策出力。坚持领导干部联系点制度，市级领导要发挥联系乡镇村的纽带作用，加强对所联系乡镇村的具体指导。充分发挥基层党组织的战斗堡垒作用和党员先锋模范作用，带领广大群众投身乡村振兴伟大事业。坚持党管农村工作，发挥党总揽全局、协调各方的领导核心作用。各级党委政府要把实施乡村振兴战略摆上优先位置。在公共财政投入上优先保障，在公共服务上优先安排，在要素配置上优先满足，在干部配备上优先考虑，把党管农村的要求落到实处。严格落实中央"五级书记抓乡村振兴"部署安排，建立"一名州领导联系一个县市、驻点一个贫困村、牵头一个州城重点工程、协调一个产业项目、推进一个重点项目、谋划一个重大项目、服务一家骨干企业"的工作机制。加强党委农村工作部门建设，发挥决策参谋职能，加强政策指导，推动落实乡村振兴战略，做好督导检查工作。

二、创新制度供给，推动制度体系建设

以要素市场化改革为重点，推动农村经济和社会组织管理创新，激发乡村发展的内生动力，深化农村土地制度改革。完善农村土地利用管理政策体系，激活农村土地资源发展活力，保障乡村振兴用地的需求。健全农村土地管理制度，盘活农村存量建设用地。继续坚持财政优先保障，健全农业农村财政支出优先保障和稳定增长机制，加强骨干财源、群体财源、梯级财源、替代财源建设，政府支农支出只增不减，确保财政投入与乡村振兴目标任务相适应。优化财政供给结构，加大对农业绿色发展、可持续发展、生态修复和补偿、农村人居环境、基本公共服务等重点领域和薄弱环节的支持力度。探索财政支农资金市场化运作的新方式，实行滚动、有偿使用。加快建立多层次、广覆盖、适度竞争、风险可控的现代农村金融组织体系，强化涉农资金整合，推进行业内资金整合与行业间资金统筹相互衔接配合，增加县市政府的自主统筹空间，实行资金、项目、招投标、管理、责任"五到县"，将高标准农田建设和美丽乡村建设等打造成县级资金统筹使用的重要平台。提高土地收益的投入比例，依法依规调整和完善土地出让收入使用政策范围，提高农业农村投入比例。加大金融支农力度。引导社会资本投入乡村振兴，加大农村基础设施和公用事业领域开放力度，支持各地通过政府和社会资本合作的模式，引导社会资本投向农村基础设施领域，提高项目收益能力并建立运营补偿机制，保障社会资本获得合理投资回报。

三、营造良好氛围，提高项目运行效率

加强宣传工作，营造良好的政务、法治、金融、信用环境，动员广大人

民群众参与其中，形成良好的乡村振兴氛围。尊重人民群众和基层的首创精神，鼓励先行先试、开拓创新，激发乡村发展内生动力，形成全体群众群策群力、共建共享的乡村振兴局面。坚持用"树典型"的办法抓乡村振兴，及时总结宣传推广基层乡村振兴典型经验，用典型的经验指导和推动乡村振兴工作。围绕乡村振兴找准切入点和着力点，积极创新宣传"三农"工作的方式方法，做好乡村振兴的正面宣传，提升宣传亲和力、影响力。积极宣传报道各乡镇、部门在乡村振兴方面的工作亮点以及经验做法。聚焦转变政府职能，以政府的自身改革，着力破解农业供给侧结构性改革的体制机制瓶颈，为乡村振兴清障搭台。清理审批事项，重构行政审批流程，大力推行网上审批、并联审批、集成审批和"马上办、网上办、一次办"模式，探索"一窗受理""集成办理"路径，构建乡村振兴重大投资项目审批服务"绿色通道"，建立重点项目全程领办代办制、重点项目服务秘书制，促进项目以最快速度签约、注册、开工、投产，加快效率，推进项目落实。

四、加强工作协调，搭建社会参与平台

加强乡村振兴工作协调推进制度，把乡村振兴工作纳入年度工作重要考核内容，搭建社会参与平台，加强组织动员，构建政府、市场、社会协同推进的乡村振兴参与机制。完善乡村振兴工作协调推进制度，研究落实相关政策，审查规划实施过程中的调整事项，调度规划落实情况，协调解决规划实施涉及的重大问题等。创新宣传形式，广泛宣传乡村振兴相关政策和生动实践，营造良好社会氛围。发挥工会、共青团、妇联、科协等群团组织的优势和力量，发挥各民主党派、工商联、无党派人士等积极作用，凝聚乡村振兴强大合力。建立乡村振兴专家决策咨询制度，组织智库，加强理论研究。吸引各类资源要素向乡村集聚，推进乡村振兴早见成效。充分尊重群众意愿，激发乡村发展内生动力，通过汇聚广大农民群众的力量和智慧，形成全体人民群策群力、共建共享的乡村振兴局面。

五、保障项目落实，优化项目监管机制

强化工作法治保障，运用法治思维和法治方式推进乡村振兴工作，严格执行现行涉农法律法规，在规划编制、项目安排、资金使用、监督管理等方面，提高规范化、制度化、法治化水平。优化政务环境。树立"一盘棋""一张图"理念，聚焦乡村振兴战略实施的路线图、时间表、任务书，健全工作推进机制，落实乡镇主体责任，督促各部门按照职能，强化资源要素支持和制度供给，协同配合，形成乡村振兴工作合力。

第四章

新型职业农民培育的现实需要

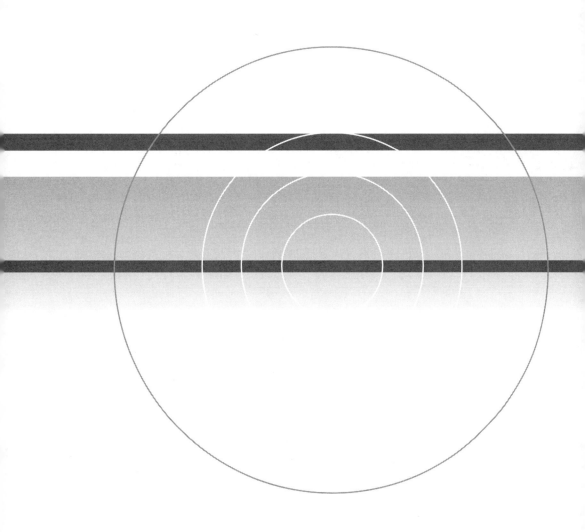

第一节 新型职业农民的基本特征

发展现代农业与实施乡村振兴的出路在科技，关键在人才，最根本的就是要培育具有创新意识，兼备科技素质、职业技能与经营能力的新型职业农民。新型职业农民与传统农民有根本的区别，新型职业农民是新型市场的主体、具有较大的规模、具有良好的稳定性以及较高社会地位，新型职业农民的"新"体现在具有新技术、新理念、新素质。

一、新型职业农民的特征分析

1. 新型职业农民是市场主体

传统农民与兼业农民长期以来进行的是自给自足的小农业生产，主要目的仅是维持生计。而新型职业农民除了自给自足外，更多的是依靠市场信息，通过敏锐的市场嗅觉来分析市场需求，利用自身的优势和先进的科学技术、信息化手段从事大规模市场化农业生产，为市场提供农产品，提高产品质量、调整农产品结构，延长农业产业链条和利用农业的多功能性等满足消费者需求，通过一切合理的、可能的手段追求报酬最大化。

2. 新型职业农民具有较大规模

新型职业农民具备适应农业现代化发展的创新意识、市场意识、竞争意识、主体意识以及风险意识等观念，同时又作为独立的市场主体，采用的是市场化经营方式，随着需求的变化使新型职业农民经营规模较大、生产逐步专业化，不断追求最大化的利益。基于此，新型职业农民从事农业的收入不低于甚至是高于城市其他职业的收入，这是新型职业农民持续发展的职业基础。

3. 新型职业农民具有稳定性

新型职业农民从事农业生产具有高度稳定的特点。首先是长期以来农业自身的稳定性所决定的，农业始终是国民经济发展的基础，它是人类生存之本，是生活中的衣食之源，是一切生产的首要条件，所以农业永远不会被代替，只会越来越重要。加之实现农业的生产需要持续性进行，如耕地的长期养护、科学培植地力、提高土壤肥沃程度等。这就保证了新型职业农民从事农业生产是长期稳定的，在未来很长一段时间内发展农业，保证农业生产是必然的要求。其次是新型职业农民更加促进农业生产的稳定。农业自身具有生产周期长、生产具有季节性等特点，短期可能存在一定的不稳定现象，新型职业农民的产生使这一不稳定因素得到解决，新型职业农民掌握着更多的科学技术和理论经验，并能充分将其利用到生产生活之中，很好地弥补了农业存在的短期不确定性。最后实施新型职业农民坚持全职务农，农民把务农作为终身职业，并为农业的发展献计献策，不断将理论知识与生产实践相结合，不断在生产生活中得到职业的荣誉感与满足感。长期稳定的农业生产不仅适应了农业生产地域性的要求，丰富的实践经验更为提高农业生产水平打下了坚实基础。

4. 新型职业农民具有较高社会地位

新型职业农民所进行的农业生产呈现出大规模、具有较高的专业化和职业化水平的特点，这将使他们获得较高的收入，并能被社会成员广泛认同，得到尊重。随着农业现代化和新农村建设步伐的加快，其职业发展空间也将更为广阔，社会地位会显著提升，人们对这一群体的职业认同度也会显著提高。同时新型职业农民始终秉承高度的社会责任感，不断提升自身的文化和职业素养，这也会使自身的地位不断提高。

二、新型职业农民与传统农民的比较

1. 新型职业农民具有新技术

新型职业农民在进行专业化、职业化、规范化农业生产的同时，注重拓展其各个方面的新技术能力，新型职业农民不只是单纯的生产者、市场经营主体，更是推进农业现代化、农村产业化等一系列农业农村问题取得进展的新动力。新型职业农民掌握先进农业生产技术，是新的农业经营、农业专业化服务、农业管理的主体，既懂经营，又懂管理，还为农业提供社会化服务；新型职业农民是农业新知识的掌握者和传播者，只有广泛掌握生物科技、计算科学、现代管理等知识，才能提高农业在国际市场的竞争力；新型职业农民是新技术、新品种、新技能的使用者和发明者，没有新的技术装备武装现代农业，就难以实现规模经济，而没有新的优良品种被培育推广，市场竞争力就难以提高；新型职业农民是现代农业新业态的创新者，新型职业农民在科技知识、劳动技能、经营素质和管理经验等方面的水平都超过传统农民，对于农业结构有着更深的了解，在农业市场竞争上会有着更独到的眼光，在农业市场上有着较强的竞争力；新型职业农民是现代农业生产者和经营者，拥有较高文化素养和农业专业技术能力，将农产品的生产、加工、营销联结为一体，将特色农产品生产与农村生态旅游融为一体，使农业成为集种养、旅游、教育等于一体的多功能新业态，具备一定的法律意识和先进意识，能在"互联网＋"农业的发展中与时俱进，利用现代化信息技术和国家相关政策去发展农业，更好地推动农业转型。

2. 新型职业农民具有新观念

（1）市场主体观。新型职业农民充分发挥自身优势，不断延长农业产业链，为市场提供充足的高质量、安全的农产品以取得最大利润，不断壮大自身的主体地位。在进行农业生产经营时不拘泥于传统生产、管理的方式方法，与时俱进，善于运用新技术、新的思维模式进行创新，把握在农业生产的每一环节。与传统农民的代际传承不同，新型职业农民对农业生产经营具有一定偏好，对市场变化有灵敏性，善于应对市场变化，在"互联网＋"农业的发展中与时俱进，创新发展，不断提升在市场中的竞争力。

（2）规模化经营。他们从事农业生产经营是自我选择与市场选择共同作用的结果。与传统农民相比，新型职业农民更加强调现代农业生产的规模化经营，从而实现传统小农向社会化大生产的变革。农业作为国民经济的基础产业，为了适应市场经济的发展需要，提高农业生产率，必须实行农业的产业化经营，走适度规模经营的道路。

（3）风险意识强。在工业化和城镇化的大背景下，新型职业农民具有较强的开放性和流动性，也有较好的风险防控意识，倾向于根据市场需求发展农业商品化生产，并控制生产规模，围绕提供农业产品和服务组织开展生产经营活动，形成产前、产中以及产后的全产业链条。

3. 新型职业农民具有新素质

新型职业农民具有新素质，主要是具有高度责任感。传统农民在进行农业经营时，常常是依世代延续的生产经验进行劳作，靠天吃饭，没有意识到农民自身素质对农业生产与发展的重要性。新型职业农民自身具备较高科学文化素质、道德心理素质、科技素质等，尤其是具有非常强的社会责任感，这将在农业生产中发挥重要作用。新型职业农民进行的主要是市场化经营，面临的对象多，问题复杂，这就要求新型职业农民除了有文化、懂技术、会经营外，更要具有高度的责任感和现代意识。其高度的责任感体现在三方面：一是对消费者负责。新型职业农民进行市场化生产，与消费者的关系就尤为重要，新型职业农民要提供价格合理同时安全可靠的农产品给消费者，这是对社会和消费者负责。二是对生态、对环境负责。市场化生产不同于自给自足的小生产，它的生产规模大，随之对环境、水资源等的影响也大，新型职业农民在生产中不断提升科学生产技术，在从事农业生产过程中杜绝滥用化肥农药，保护土地资源、水资源等，对生态、对环境负责。三是对社会、对后人负责。进行农业生产时注重培植地力和耕地养护，拒绝改变土地用途，为子孙后代的发展留下更多资源是对农业可持续发展负责，对后人负责。

第二节　新型职业农民培育的战略意义

　　新型职业农民是振兴乡村、发展现代农业的重要主体。培育新型职业农民对于加快推进农业现代化、推动农村经济社会发展具有重要意义。[①] 2012年的中央一号文件首次明确提出大力培育新型职业农民，随后，每年的中央一号文件都会强调，积极发展农业职业教育，大力培养新型职业农民。党的十九大报告提出，要培养造就一支"懂农业、爱农村、爱农民"的"三农"工作队伍，来推动乡村振兴的发展。2018 年的中央一号文件《中共中央 国务院关于实施乡村振兴战略的意见》系统提出，大力培育新型职业农民。全面建立职业农民制度，完善配套政策体系。实施新型职业农民培育工程。支持新型职业农民通过弹性学制参加中高等农业职业教育。这为加快培育新型职业农民指明了方向和路径，更提供了强大的制度保障和政策支持。

---

　　① 高德胜，李玲. 培育新型职业农民的重要抓手 [N]. 经济日报，2020 - 06 - 23.

一、有助于构建新型农业生产经营体系

当前形势下，"谁来种地"是农业农村发展进程中面临的一个重大而紧迫的课题。以专业大户、家庭农场、农民合作社、农业龙头企业和农业社会化服务组织等为代表的新型农业经营主体，是提升农业竞争力、发展现代农业、推动美丽乡村建设、实施乡村振兴战略的重要力量，是实现农业的可持续发展、确保农业发展"后继有人"的重要支撑。新型职业农民是家庭经营的基石、合作组织的骨干、社会化服务组织的中坚力量，没有新型职业农民，就没有新型农业经营主体，新型职业农民是新型农业经营主体的建设者，也是繁荣乡村经济的重要力量。大力培育新型职业农民是打造具有中国特色社会主义的农业发展道路的现实选择，是促进城乡统筹发展的重大制度创新，是转变农业发展方式的有效途径，更是建设新型农业生产经营体系的重点工程和战略选择。只有把新型职业农民培育作为一件关乎长远、关乎根本的大事来抓，通过技术培训、政策扶持等措施，留住一批拥有较高素质的青壮年农民从事农业，吸引一批农民工返乡进行创业，培养一批农业带头人发展现代农业，才能逐步发展壮大新型农业经营主体，不断增强农业农村发展活力，确保农业"后继有人"，推进新型农业生产经营体系的构建。

二、有助于完善乡村人才队伍建设

脱贫攻坚伟大实践积累的宝贵经验告诉我们：要坚持群众主体，激发内生动力。应当看到，当前一部分农民刚刚脱贫，对教育培训的需求很大，培养造就新型职业农民队伍还有很大空间。推进乡村振兴，促进农业农村发展必须要像扶贫开发那样强化扶智、扶志，注重调动农民群众的积极性、主动性和创造性，注重培育农民群众发展生产和务工经商的各项技能，注重激发

农村地区和农民群众自我发展能力。加强乡村人才队伍建设，加大内生动力培育力度，是实施乡村振兴战略，促进农业农村发展的必要路径。人才队伍的建设与内生动力的加强又离不开新型职业农民培训教育，因此新型职业农民培育有助于强化人才对农业农村发展的支撑作用，在新的发展环境下，这种支撑作用还在不断增强，主要体现在：在带头致富和带领农民群众建设社会主义新农村中的作用不断提高；在承接应用农业科技成果、保障主要农产品有效供给方面的作用进一步提升；在提高农业竞争力和农民组织化程度、促进农民就业增收等方面的支撑作用更加突出；在农业生产服务、动植物重大疫病防控、农产品质量安全、农村能源环保等领域的示范带动作用进一步发挥。

三、有助于实现农业农村现代化发展

随着经济社会的发展，传统的小农经营模式体制已经不能满足农业现代化发展的需要。新型职业农民的出现是发展现代农业的必然要求。当前中国农业的从业主体，从组织形态看是龙头企业、家庭农场、合作社和种养大户等，从个体形态看就是新型职业农民，因此培育新型职业农民就是培育现代农业的现实和未来。随着具有较大规模生产能力的新型农业经营主体逐渐增多，农业生产加快向产前、产后延伸，分工分业成为发展趋势，具有先进耕作技术和经营管理技术，拥有较强市场经营能力，善于学习先进科学文化知识的新型职业农民成为发展现代农业的现实需求。而新型职业农民培育的目标就是培育出具备先进经营管理理念、掌握现代农业生产技术、灵敏捕捉市场信息的新型职业农民，进一步发挥农民作为劳动力要素主体的作用。提高全要素生产率、增强农业现代化发展动力。

四、有助于确保重要农产品有效供给

培育新型职业农民是确保国家粮食安全和重要农产品有效供给的迫切需要。我国虽然成功解决了十几亿人口的吃饭问题，但想要把饭碗牢牢端在自己手里，仍然面临很大压力：一是农业自身存在一定的不稳定性。农业生产易受气候、土壤等客观因素的影响，使产量有一定的波动。二是随着人口总量的不断增加、城镇人口比重的不断上升、居民消费水平的逐步提高、农产品的工业用途不断拓展，我国农产品需求逐渐呈刚性增长。使我国主要农产品供求处于并将长期处于"总量基本平衡、结构性紧缺"的境况。要想稳定农业产业的产量，提高农业综合生产能力，让十几亿中国人既吃饱吃好又吃得安全放心，最根本的还得依靠农民，特别是要依靠能够提高农业生产效率的新型职业农民。新型职业农民培育的目的就是大批量地培养新型职业农民，提高农民的专业素养、技术，并且帮助农民学会利用现代科学技术提高生产率，只有加快培养新型职业农民，农业问题才能得到更好解决，粮食安全才能得到有效保障。

五、有助于推进现代农业实现转型升级

发展现代农业，必然要有与之相适应的新型职业农民。当前我国正处于改造传统农业、发展现代农业的关键时期。农业生产经营方式正从单一农户进行种养和手工劳动为主的自给自足经营，向主体多元、领域拓宽、广泛采用农业机械和现代科技进行市场化生产转变，现代农业已发展成为一二三产业高度整合的产业体系。培育新型职业农民是推进现代农业转型升级的需要。只有培育出了一大批具有较强市场意识，懂经营、会管理、有技术的新型职业农民之后，现代农业发展才能呈现出另一番天地，才有助于推进城乡资源

要素优化配置，推进现代农业实现转型升级。推进城乡资源要素平等交换与合理配置：推进城乡发展一体化，首要的是劳动力统筹，让一批农村劳动力尽快真正融入城市的同时，提高农业、农村吸引力，让一部分高素质劳动力留在农村务农。加快建设现代农业，要求全面提高劳动者素质，切实转变农业发展方式。

综上所述，乡村振兴，人才为要。新型职业农民是现代农业的生产者主体，是实施乡村振兴战略的一支重要力量。产业兴旺、生态宜居、乡风文明、治理有效、生活富裕，每一个方面都离不开人才。推进乡村振兴，要以农村青壮年、返乡农民工、回乡大学生等为重点，特别要培养更多知农爱农、扎根乡村的新型职业农民，切实增强乡村全面振兴的主体力量。①

第三节　新型职业农民培育的现实问题

经济社会发展，关键在于人的发展。近年来，我国新型职业农民培育工作取得了很大进展，一大批新型职业农民加速涌现，规模初显，新型职业农民队伍规模不断扩大、组织化程度不断提高、对周边农户的辐射带动作用日益增强、培训体系日益完善。"谁来种地、怎样种好地"有了更有力的人才支撑。② 但同时需要看到的是，随着新型职业农民培育工程的推进，培育过程中的一些短板也逐渐凸显出来，比如培育对象素养相对较低、培育体系不能满足发展需要、培育水平存在区域差距、效果缺乏跟踪评价等，这些问题

①② 高德胜，李玲. 培育新型职业农民的重要抓手［N］. 经济日报，2020 - 06 - 23.

亟待我们采取相对应的措施加以解决。

一、新型职业农民培育对象素养相对较低

1. 理论知识素养相对较低

一方面是广大农民受教育程度较低。据统计,当前我国农民受教育程度普遍偏低,大多数为小学、初中学历,高学历人员少,在此基础上培养新型职业农民,会出现对现代化农业生产经营技术的学习能力差,难以掌握并熟练操作现代化农业装备等现象,不仅会造成培育投入的加大,还可能会导致培训过后培训效果不明显,利用现代化手段生产较少,农业生产效率低。这严重限制了现代农业的发展。另一方面生产多以自身经验累积为主。由于市场经济下的知识高速更新,很多新型职业农民自身积累的知识和自身能力与实际需要存在较大的差距,生产过程中多采用自身累积的经验,对培训知识的运用较少,一定程度上制约了新型职业农民的发展。从种植大户、家庭农场、加工企业的业主及技术人员来分析,第一,他们的文化水平层次不高,多以高中、职中毕业者为主,所学专业与所从事的工作所需专业不对口,导致专业知识储备不够,生产效率不高。第二,他们的经验不足,多以"半路出家"和在务工中所学经验技术为主,为口传心授,所学专业知识不系统、不精通,这就导致即使经过新型职业农民培育等培训,也因学习时间较短、知识内容有限等因素制约,还是一味采取经验生产的方式生产经营。

2. 思想观念相对较落后

市场经济下,对市场主体的新型职业农民要求是:不仅需要了解市场行情,并拥有足够的敏感性,还能按照市场行情的变化进行生产经营。但是当下农民的实际情况是:思想观念落后,小农经营的传统思想比较严重,他们宁愿外出打工也不愿土地流转;对市场行情不能做到正确判断,生产决策仍

沿袭过去经验；不懂得运用现代科学技术，不知道如何在自己生产中使用先进技术，不会操作代替传统农业工具的新型科技农业装备；对新型职业农民培育没有太大兴趣，甚至存在一定抵触情绪。这种情况产生的主要原因是，一方面，整体上来看对新型职业农民认识较为模糊、笼统，没有树立起新型职业农民的人才观念，没有形成多元化人才认定标准，没有真正做到人才不求所有、不求所在，但求所用，加之各县市、乡镇、村总体经济发展不平衡，对事物的认识不一致，导致新型职业农民人才分布不均，作用发挥不明显。另一方面，受传统观念的影响，农民不愿意走出去，将农业生产的目标仍然定义在满足自给自足的层面，不愿冒险进行社会化大生产，单纯地进行单一农业生产，没有兴趣拓展农村二三产业的就业空间，制约了新型职业农民能力的提高和观念的解放。

3. 法律意识相对较弱

第一，从历史方面来看，我国农民受传统思想的影响较深，在他们的印象中农民的工作就仅仅停留在种地、劳作层次，主要的目的是进行自给自足，不需要太多对外联系的环节，需要掌握的法律知识不用太多，加之农民自身存在一定的"和"思想，很少将事件发展到法律层面，这就导致了他们的法律意识不强。第二，从现实方面来看，农业生产已经占据了农民较长的时间，他们不会再主动占用休息时间去学习法律法规，所以导致他们的法律知识储存较少，不懂得如何运用法律维护自身的权益。对于新型职业农民法律意识的培育而言，种养大户及家庭农场是主要培育对象，这些农民都拥有大规模的流转土地。但是在土地流转中多数采取的是口头协议方式，只有少数人在土地流转中签订了流转合同。而在签订协议的农民中，还存在很多人对协议中的责任及义务并不了解，一旦发生了土地纠纷，他们不懂得如何运用法律手段维护自身权益。

二、新型职业农民培育体系较不健全

1. 部分地区教育培训安排不合理

首先，培训内容不合理，无针对性，没有特色。培训中培训资料一般多方共用，培训前对农民的需求没有进行详细调查，也没有对当地的农业特色进行事先了解，导致培训内容不符合农民的实际需求，并且在培训安排上很少考虑农民的实际情况，将有些课程安排在农忙时间，这就直接导致农民对培训没有积极性或者是很少主动参加培训。其次，培训师资配备不合理，进行新型职业农民培育的教师应当是"全能型"教师，他们不仅需要有良好的理论基础，更加需要对农业技术有充分的了解，有很好的农业实践基础。但是当下培训教师多来自科研教学单位，尽管理论知识丰富，但缺少农耕实践，培训中过分强调理论，不会理论联系实际，课程讲解与农民遇到的实际情况相差甚远，较少涉及惠农政策，属于纸上谈兵式教学，对农民的实际生产生活帮助作用不大，这就导致农民参与的热情不高。

2. 部分地区职业农民培养效度不够

一方面，培养人数相对较少。通过对近几年的培训数据进行分析，发现培养的对象范围比较窄，参加了培训的农民只占整个农民群体的很小比例，还有很多农民没有参加过培训，对新型职业农民没有了解，农民专业素养不强，现代化农业技术掌握不透彻。另一方面，培养作用不大。虽然广泛开展了新型职业农民培育，但是由于培训时间短、培训内容不全面等原因，导致一部分参加了培训学习的农业从业人员掌握的实用知识并不牢固，或者是运用到实际生产中的东西不多，培训产生的作用较小。

3. 部分地区职业农民认定管理不规范

新型职业农民的认定管理是农民教育与国家扶持政策间的一个重要的衔

接工作，但目前对新型职业农民的认定管理仍然存在很多漏洞。首先，标准不统一，由于不同地区间农业的发展水平不同，新型职业农民认定管理上也有所区别，一些地区特别是偏远地区对新型职业农民还没有统一的认定标准及条件。其次，新型职业农民的准入门槛较低。一方面是首次认定的条件较为简单，另一方面主要是对新型职业农民培训的监管不严格，存在很大漏洞。导致进行注册建档的新型职业农民与真正拥有真才实学的新型职业农民存在数量上的差距。最后，后期管理不善。有些地区农民在参加新型职业农民培训合格后，尽管当前职业证书已经获得，但是缺少后期的服务跟进，导致知识衔接不够，实际运用上问题较多，培训机构没有做到有效管理，这就在一定程度上影响了新型职业农民培育的推进。

三、新型职业农民培育管理比较粗放

1. 部分地区扶持政策未充分落实

国家政策的扶持是农民能够参与新型职业农民培训，成为新型职业农民的强有力保证。截至目前，国家已经出台了很多相关扶持政策，然而这些政策在一些地方的实施上却宣传、落实不到位，影响了培训工作的进行。主要是两个方面的问题：一是到目前为止还没有开展新型职业农民培育工作，有些地区还未成立专项小组，培育工作行动迟缓，使新型职业农民存在管理混乱，自身资源不能得到有效整合。二是工作开展不合理。还有些地区没有完善培育计划，对农民分散管理，使管理效果不尽如人意。

2. 部分地区培育地域分布不均

新型职业农民培育地域分布上不均衡，表现在新型职业农民培育主要聚集于县城郊区、集镇和主要经济作物主产区，对偏远地区的农民培训工作较少。这表面上反映了新型职业农民培育分布的现实情况及人才流动的趋势，

深层次将直接导致各乡镇发展不平衡，致使两极分化更加严重。这需要后期对新型职业农民培育工作思路进行进一步的调整，加大对边远乡镇新型职业农民培育培养的力度，着重从产业布局和政策扶持上下功夫。

3. 部分地区培育资金不足

新型职业农民培育的经费来源单一，多来自国家的专项财政拨款，而所需培育的农民队伍庞大、需求较多，并且根据文件的要求和安排，实际所需要培训的课程较多、流程较多、要求比较高，培育中难免会出现经费不足的情况。尽管国家财政部对新型职业农民培训的费用拨款逐年不断增加，但是总体而言，这些专项培训资金对新型职业农民培育的庞大需求群体来说只是杯水车薪。新型职业农民培育工程项目受资金制约，工作开展难度大，部分地区只能在精简课程、降低标准上做工作，导致新型职业农民培训的内容不优、数量不足、质量不佳、效果不好。

第四节　新型职业农民培育的保障机制

要深入实施乡村振兴战略，强化乡村振兴的人才支撑，就需要汇聚全社会的力量，从培育对象、内容、方法以及效果评价等关键环节着力，保证新型职业农民培训的正常开展，不断提升新型职业农民培育的质量和水平，从而培养造就更多新型职业农民，为乡村振兴提供人才支撑，把农民职业有前景、农业发展有奔头、农村生活更美好的愿景变为现实。

一、加强组织领导，规范项目实施

坚持党的全面领导，坚持党政一把手是第一责任人，充分发挥决策参谋职能，成立新型职业农民培育工程项目专项领导小组，并充分发挥领导小组的作用，进行统筹安排，务求实效，协调推进各项举措的实施。争取将新型职业农民培育项目纳入当地党委、政府的重要工作内容，确保新型职业农民培育工作的落实。充分发挥各行业、各部门的作用，协同推进新型职业农民培育工作，抓紧研究制定新型职业农民培育发展规划，着力完善培育扶持政策，定期研究新型职业农民培育工作，严格按照要求制定本级项目实施方案。各培训基地要明确每次培训的对象、培训内容、培训主体，科学核定培育人数，落实培训时间、培育环节。创新培育思路，加强台账管理，确保项目规范操作，不断提升项目实施成效。

二、扩大培育覆盖，重视全面发展

为培养更多新型职业农民，满足我国农业现代化发展的需要，必须持续扩大新型职业农民培育覆盖面。在财政投入上，落实完善一系列金融扶持政策，把新型职业农民培训放在公共财政首要考虑的地位；加大培训的投入，创新更多培训方法，充分调动农民参与培训的积极性；加大后期服务的投入，对培训对象进行全覆盖的后期跟踪服务指导，保障新型职业农民培训工作落到实处。在培训的安排上，做好"农民"培训。培训前做好大量的宣传工作，扩大宣传的范围，保证宣传工作全覆盖，扩大参训学员的来源方式；扩大农业院校、农学专业招生规模，鼓励农民接受继续教育。培训中坚持分类指导和因地因材施教，按照要求培育对象参加培训班，根据当地培育需求按不同类型组建各类农民培训。遵循规律，推行"分段教学、弹性学制、农学交替"等方式开展培训。在培训的内容上，重要的是合理安排培训内容，不仅要把培育全面发展的新型职业农民当作顺应农业现代化、市场化、智能化发展趋势的客观要求，更要把它当作我国农业人才培养的重要目标。在改革开放不断深化、科技创新日新月异的背景下，培育新型职业农民要坚持传统与创新相碰撞，坚持理论与实践相结合，坚持定向培训与发散思维相统一，在继承传统培训和传统技能的优势下，不断创新、研究更高效、更全面的农民培训；在推广现代农业科技、现代农业生产手段的同时，还应该从科技知识和经营管理方面培养农民的现代化农业发展的理念，尊重农民的生产生活方式。培养市场竞争意识、风险意识和品牌建设意识；还要坚持线上与线下同发力，加快新型职业农民培育云平台建设，为农民提供更丰富、更便捷的教育培训服务；加强农村电子商务知识技能培训，拓宽农产品销售渠道。

三、加强宣传引导，强化区域合作

大力加强宣传引导，积极利用广播、电视、报纸、网络、微信等宣传媒体，宣传解读有关新型职业农民培育的政策文件，不断探索和总结新型职业农民培育的模式，积极营造良好的社会氛围，增加新型职业农民的培训热情。大力宣传新型职业农民培育工作的典型案例和新型职业农民创业创新的奋斗历程和成功经验，推介一批示范典型，不断激发农民的创新创业潜力，提升新型职业农民的发展活力，引导和带动广大农民立足农村创业兴业。加强多层次、宽领域的区域交流合作，促进区域间观念互通、技术互学和经验互鉴。不断缩小新型职业农民培育水平上的空间差异，充分发挥先进地区的示范引领作用，建立"一对一"或"一对多"的互助合作长效机制，带动落后地区改革创新新型职业农民培育模式，提升新型职业农民培育的质量和水平。依托新型职业农民培育发展高峰论坛等平台，不断加强与不同地区在经验和技术上的交流和合作。通过一切有力手段和方式，组织农民外出考察和学习先进技术和思想，增强新技术、新业态的推广应用效率，进一步促进新型职业农民的发展。

四、加强队伍管理，做好延伸服务

一方面，做好管理。规范有序地推进新型职业农民队伍管理工作。首先要完善信息档案和数据库，及时录入新型职业农民培育对象的基本情况、产业规模、从业年限、技能水平、培训要求等信息。其次要建立健全新型职业农民队伍动态管理机制，做好统计工作。最后就是要强化培训后期的追踪服务工作，颁发职业农民证书，作为重点扶持和跟踪对象，每年对信息库进行更新。另一方面，做好服务，特别是培育的后期延伸服务。要加强信息化手段应用，实行线上线下融合培育，全面提升质量效果。完善信息化平台建设，加大培训力度和推广力度，推动农业科教云平台的落地应用。大力推介"中国农技推广"APP、"云上智农"APP等一批线上教育培训服务软件。通过精品视频课程，采取政府购买服务的方式开展在线学习、成果速递和跟踪服务。积极开展延伸服务，增强新型农民发展能力。加强跟踪服务平台建设，定期发布农业有关的政策、市场信息，及时回复学员咨询，鼓励新型职业农民抱团发展。

五、强化资金管理，确保资金效用

资金拨付上，强化资金管理，确保资金效用，严格按照国家、省的有关规定对新型职业农民培训进行专项财政资金补助。做好财政资金预决算管理，规范财政专项资金拨付和审批程序，建立完整的财务管理档案，确保专账管理、专款专用。分阶段对培训进行款项拨付，培训结束后，根据考核验收等情况，对验收合格的，按照财政国库管理制度的有关规定，拨付余款。对验收不合格的，要收回预拨的资金，并取消以后年度培训资格。培训机构对新型职业农民进行免费培训，不得再收取其他费用。资金监督上，加强项目主管部门对专项资金的监管，建立"谁使用，谁负责"的资金监管机制。坚持实施单位主要负责人是第一责任人，确保资金使用的效益，确保资金及时足额拨付到位。注重培育资金的支出，确保资金支出规范与安全。各培训机构要建立项目资金专账，确保专款专用，规范使用，坚决杜绝"挤、占、腾、挪"项目资金现象。严禁以现金或实物形式直接发放给培育对象。严禁存在大额现金支付来往业务，做到发现一起，查处一起，绝不姑息。建立项目管理、监督、实施三者分离的工作机制，项目的验收严格规范，需进行三方签字认可。

六、加强监管考核，建立评价机制

各地按照属地管理和"谁承担，谁负责"的原则，严格监督审查，分级抓好新型职业农民培育项目监管和绩效评价。既要注重是否把项目资金真正用于培育及实训，是否严格按资金开支范围做到专款专用的过程管理，更要重视项目培育效果、后期的跟踪服务态度、农民是否学以致用等结果的实现。建立健全完备的培训评价机制。首先，规范建档，要以培训班为单位做到"一班一案"，确保培训内容、过程、对象、效果有据可查，可追溯、可评估、可考核。其次，重点环节评价，对培训的效果进行评价，重点放在优化培育体系、提升培训质量上面，也就是对开展新型职业农民培训效果如何，培训结束后跟踪农民知识技能转化运用如何，是否为农民提供及时有效的指导和建议等方面进行评价。最后，实施实时监管，充分利用新型职业农民信息管理系统进行培训考核，利用互联网、电话和实地调查等方式强化监管。

对新型职业农民培育工程实行综合考核，按照统筹部署、分层落实考核的工作机制，在培育机构、实训基地、师资考核培育任务完成、学员满意度、人才资源库（学员库）、师资库建设、补助资金管理等情况上分层进行绩效考核。要组织学员对培训机构的教学设计、教师水平、组织管理和教学效果等情况进行满意度综合测评，原则上，学员满意度低于80%的教学班不得通过验收。在实施监督考核的同时，邀请审计或纪检监察部门全程参与项目组织实施、验收，形成监管合力。

第五章

新型职业农民培育的实践模式

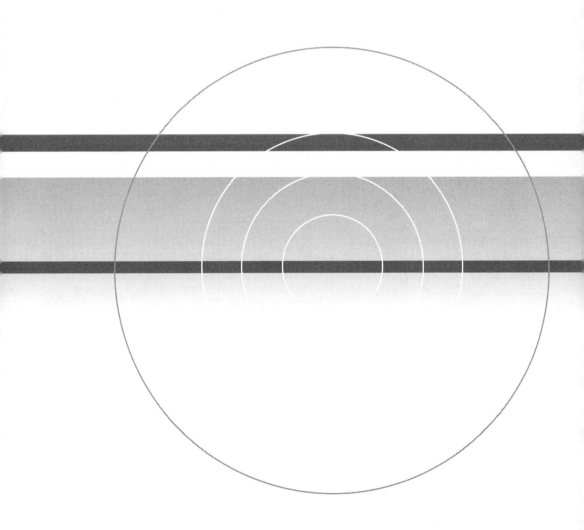

第一节　新型职业农民培育的国内模式

"科教兴农、人才强农、新型职业农民固农。"坚持以立足产业、政府主导、多方参与、注重实效，紧紧围绕确保粮食安全和主要农产品有效供给这个核心目标任务，从农业、农村、农民的实际出发，积极探索新型职业农民培养的新模式、新路径，着力培育一批综合素质高、生产经营能力强、主体作用明显的新时代新型职业农民。通过新型职业农民培育助力乡村振兴战略实施，助力脱贫攻坚成果的进一步巩固。在国内新的发展形势和乡村振兴战略大力实施的背景下，涌现出了一批值得学习借鉴的新型职业农民培育实践模式。

一、新型职业农民培育的"河北模式"

河北省始终把新型职业农民培养作为为实施乡村振兴战略提供人才支撑的重要手段。坚持在主导产业发展中培育职业农民，通过对职业农民的培育来壮大主导产业发展基础，力求实现新型职业农民培育与主导产业发展壮大相互促进、和谐共赢的局面，通过"以主导产业为支撑，以教育培训为主要方式，以资格认定为重要手段，以政策扶持为动力引擎"的新型职业农民培育工作思路，积极探索新型职业农民培养的新途径，打造了"资质准入""校村合作""工学结合""写实性考核评价""经费奖补""动态管理"等一批新型职业农民培育实践经验模式。① 这些模式主要侧重于从农业、农村、农民的实际出发，以中等职业学校为核心载体，以农技推广部门为推手，以现代农业科技园区和农民专业合作社为基地，充分发挥了职业技能教育在脱贫攻坚中的重要作用，树立了一批农村致富带头人和青年创业先进典型，为实施乡村振兴战略起到了积极推动作用，逐渐形成了独具特色的新型职业农民培育"河北模式"（见表5－1）。

表5－1 新型职业农民培育的"河北模式"

模式类别	模式的主要内容
资质准入模式	遴选具有涉农专业办学资质、能力、经验的中等职业学校，能够进村、入社、到场，把教学班办到乡村、农业企业、农民合作社、农村社区和家庭农场，方便农民就地就近学习。在项目安排上结合本省关于打好脱贫攻坚战的工作要求，重点向贫困地区倾斜
校村合作模式	以"校村合作、校乡合作、校企合作、校社合作"为重要的生源来源，主动和乡镇、专业村、龙头企业、合作社合作招生，提前将年度培养计划向社会进行宣传公布，由乡、村、企、社负责组织学员，提出申请，试点学校负责组织教学实施
工学结合模式	在教学安排上，根据农业生产周期和学习特点分段安排培训课程。在教学内容上，精心研发培训包，包括技术技能理论知识、产业链信息、"三农"服务指南等，量体裁衣、订餐制作、送教下乡，形成新型职业农民培养优质教学资源成果。在教学方式上，探索"公司＋基地＋养殖户""学校＋合作社＋农户"的培训模式，推进"空中课堂""固定课堂""流动课堂""田间课堂"一体化建设，通过采取"案例教学＋模拟训练""学校授课＋基地实习""田间培训＋生产指导"等方式，开展教学培训和后续跟踪服务
写实性考核评价模式	按班次建立真实、完整、规范的培训档案，主要包括文书文件、培训计划、教材教案、师资信息、学员信息台账、学员满意度测评表、考试考核资料、图片影像资料及其他需要保管的资料材料。主管部门建立培训学校管理档案和业绩档案，主要包括年度培训计划、培训方案、教学点名单、学员名单、培训专业目录、课程表以及培训总结等。培训结束后，学校根据培训目标、培训内容进行多种形式的考核评价，考试考核合格的颁发写实性"新型职业农民培养结业证书"

① 赵娜娜. 如何培养新型职业农民？河北探索出六大模式［N］. 农民日报，2018－10－19.

续表

模式类别	模式的主要内容
经费奖补模式	实行新型职业农民培养奖补机制，省级财政每年安排 1000 万元专项资金，对项目承担学校予以补助。项目承担学校对参加学习的学员全部免除学员学费、食宿费并实行交通补贴。同时规定，补助资金主要用于新型职业农民培养、复合型实用人才培养、实训基地建设、校舍维修改造、教学仪器设备购置等方面
动态管理模式	主管部门对试点学校实行动态管理，有进有出，并定期组织开展督导检查和随机抽查，对落实试点任务不力的学校，坚决取消其承办资格，三年内不再给其分配培训任务。对平时工作做得好的学校，经学校申请，可纳入试点工作范围

资料来源：赵娜娜. 如何培养新型职业农民？河北探索出六大模式［N］. 农民日报，2018 – 10 – 19.

二、新型职业农民培育的"宜昌模式"

培育新型职业农民是党中央、国务院着眼现代农业发展的一项重大战略部署。宜昌市始终坚持绿色发展战略，坚持生态振兴、绿色崛起，不断进行农业产业转型升级。在新型职业农民培训上，坚持以农民需求为中心，以产业导向为基础，坚持"理论教学与实践操作相结合，教育培训与个人职业规划及产业发展相结合，阶段培训与全程政策扶持相结合"的思路，经过不断探索和努力，新型职业农民培育工作成效斐然，探索出了"研产结合模式，技术转为生产力""因材施教模式，个性化服务育能人""创新机制模式，构建开放式大平台"等新型职业农民培育精准高效的新模式，培育了一大批爱农业、懂技术、善经营的新型职业农民，主要成绩如下：在全省率先开展职业农民职称评定，目前已有 500 余人获职称，"新型职业农民职称评定"揽获全国最佳人才创新案例。2015 年以来，连续五年举办新型职业农民标兵表彰大会，每次表彰 20 名，每人给予 5000 元现金奖励；连续三年开展新型职业农民创业大赛，成立宜昌市新型职业农民协会，吸收会员 200 余人，职业农民组织化程度进一步提高①，逐渐形成了独具特色的新型职业农民培育

---

① 揭兴伟. 新型职业农民培育的"宜昌模式"［N］. 三峡日报，2020 – 08 – 29.

"宜昌模式"(见表5-2)。湖北省农业农村厅曾刊发政务信息,推介宜昌强化管理、创新方式、着力提升新型职业农民培育质效的模式经验。

表5-2 新型职业农民培育的"宜昌模式"

模式类别	模式的主要内容
研产结合模式, 技术转为生产力	通过新型职业农民培育项目,各产业专家和农民建立了密切的联系,各类信息技术快速到达农民身边,直接转化为生产力。已开办了柑橘、茶叶、蔬菜、猕猴桃、中药材、中蜂等多个培训班,实现了农业产业全覆盖。培训班针对各个产业的现实问题,邀请国内前沿专家进行理论和现场教学,并开展训后跟踪服务,充分满足各产业发展需求
因材施教模式, 个性化服务育能人	加强对新型职业农民培育全过程管理,创新培训方式方法,重点破解招生难度大、培训课程设置与农民需求契合度不高、培训方式单一等难题。在培育方式上,采取"理论+实践"相结合,真正让农民学有所获。课程设置采用"635"模式,"6"即专业理论课、通识课、实践课、参观游学课、讨论座谈课和结业考试六方面课程,"35"即专业理论课、实践参观课、通识讨论课三个五天的分段式培训。采取"专业+层级"模式设置班级,分为精品班、普通班和起步班。精品班不仅讲技术,还讲管理、营销,并组织到外省参观;普通班在省内参观;起步班侧重技术培训
创新机制模式, 构建开放式大平台	率先开展职业农民职称评定,连续举办新型职业农民标兵表彰大会,连续开展新型职业农民创业大赛,成立宜昌市新型职业农民协会,职业农民组织化程度进一步提高,有效地促进了新型职业农民沟通交流,推动农业资源有效聚合,构建开放式职业农民培育大科教平台,助推现代农业发展,推动乡村振兴

资料来源:揭兴伟.新型职业农民培育的"宜昌模式"[N].三峡日报,2020-08-29.

三、新型职业农民培育的"大理模式"

云南省大理州新型职业农民培育工作紧紧围绕大理州高原特色现代农业建设规划,通过加强领导、创新思路、构建体系、政策支撑等方式助推新型职业农民培育迈向新台阶,培养出了一支有文化、懂技术、会经营的新型职业农民队伍。一方面,在政策上倾斜,首先,坚持基层农技推广补助和农机购置补贴等项目向新型职业农民倾斜；其次，将新型职业农民纳入农业保险承险范围，用以规避风险，提高职业农民抵御自然风险的能力；最后，支持他们积极争取各级政府部门的贴息创业贷款，在融资方面进行帮助。另一方面，在行为上扶持，支持他们领办的企业承担农业项目；通过农技人员与新型职业农民结成"一对一"科技帮扶对子，切实帮助农民解决生产经营上的实际问题等①，逐渐形成了独具特色的新型职业农民培育"大理模式"（见表5–3）。

表5–3　新型职业农民培育的"大理模式"

模式类别	模式的主要内容
加强领导，在政策扶持上整合新资源	将新型职业农民培育列入《大理州全面深化农村改革总体方案》和《大理州深化农业改革专项方案》，制定了《大理州加强新型职业农民培育工作的实施意见》，明确了州县两级将新型职业农民培育和认定管理经费纳入财政预算，州财政每年预算安排100万元新型职业农民认定专项资金并建立长效投入机制，同时将基层农技推广补助、农机购置补贴等项目向新型职业农民倾斜，将农业保险重点向职业农民倾斜
创新思路，在发展路径上取得新突破	坚持在发展产业中催生职业农民，在职业农民培育中发展产业，按照着力打造滇西农产品生产基地与加工流通中心、种质资源保护与开发利用中心、农业技术推广服务中心，构建大理州农产品电子商务运营平台，建设100万亩洱海流域高效生态农业示范区、100万亩高原盆坝现代农业示范区、1000万亩山地林畜茶果药生态产业带"三中心一平台、两区一带"的发展思路，实现职业农民培育与产业发展良性互动
构建体系，在培育模式上呈现新亮点	构建了从省到市县上下贯通，各类培训机构横向衔接，层次分明、支持有力的新型职业农民教育培训体系，大理州具有培训资格的机构已经达到21家，基本满足了试点所需的多层次、多形式、广覆盖、经常性的要求。探索形成了"学校+基地+学历+技能+创业""州级公共课培训+县级实践课+基地实习+交流考察""专家+农技人员+新型职业农民+辐射带动户"的"1+N"导师制定向培育模式和"信息技术+主导产业+新型职业农民"的农业信息化培育模式

资料来源：周应良．大理州探索构建新型职业农民培育新模式［N］．大理日报，2015–12–14.

---

① 周应良．大理州探索构建新型职业农民培育新模式［N］．大理日报，2015–12–14.

四、新型职业农民培育的"玛纳斯模式"

新型职业农民的重要性主要体现在：它是现代农业发展的主力军，也是科技成果转化的承接者和受益者，更是带动广大农牧民持续增收的"领军人"。因此，当前"三农"工作的重要内容是加快一般农民培训向职业农民培育的转型升级，努力培育一大批懂技术、善经营、会创业、下得去、留得住、用得上的新型职业农民。玛纳斯县结合现代农业发展实际和新型职业农民自身特点，快速组建了一只理论层次、产业需求、时间分布等方面优势互补的讲师队伍，为加强新型职业农民培育奠定了坚实的师资基础。①自从被农业部确定为全国新型职业农民培育试点县后，新疆玛纳斯县始终坚持按照发展四大主导产业和培育生产经营型、专业技能型和社会服务型职业农民的需要，抢抓试点机遇，探索创新，制定了"1333"职业农民培育模式，并逐渐形成了独具特色的新型职业农民培育"玛纳斯模式"（见表5－4），造就一批有文化、懂技术、善经营、会管理、能创业的新农村建设骨干。

表5－4　新型职业农民培育的"玛纳斯模式"

模式类别	模式的主要内容
实施一项工程	构建"政府买单，多部门联动，量身定做，联合培养"的机制，实施本乡本土农民大学生、农村实用人才培养工程。采取"政府主导，行政推动；骨干先行，本土化培育；量身定做，专业化教学；创业创新，精英化引领"的做法，推动新型职业农民培育工作有序开展。积极支持农村创业能力兴办、创办农业实体，提供优良的学习、交流以及新技术引进等创业环境；按照培育对象自身特点，在培养目标上进行顶端设计、专业化教学；广泛宣传优秀职业农民的创业事迹，形成更大带动力

① 鲍玉琴等. 新疆玛纳斯县新型职业农民教育培养模式［J］. 新疆农业科技，2014（2）：48－49.

续表

模式类别	模式的主要内容
确定三套框架	一是配强一套班子。成立由分管县领导任正、副组长的领导小组，统筹协调职业农民培育工作的人力、财力和智力投入和组织实施工作。二是制定一套培育方案。制定出台《玛纳斯县新型职业农民培育工作实施方案》，以专业大户、家庭农场主、农民合作社带头人、农业工商投资人、进城务工返乡青年、基层农技人员、农校毕业生、农村信息员、农村经纪人、农机服务人员、统防统治植保员、村级动物防疫员等人员为培育对象，培养生产经营型、专业技能型和社会服务型三种类型新型职业农民。三是设定一套工作流程。为规范新型职业农民培育，让农民迅速了解新型职业农民培育的内涵、过程以及相关程序，制订新型职业农民培育流程图
开展系列培训和制定系列制度	一是开展一系列培训。依托阳光培训、学历教育、农民创业培训和技能培训四大工程，采取校校联合、校企联合办班、按照产业以镇为单位分片办班、以培育类型集中办班四种主要模式对遴选对象进行理论培训；根据农民需求，结合生产季节和农业产业的特点，围绕四大产业，打造集中培训课堂、网络短信平台、产业示范基地等三大培训平台。二是制定一系列制度。制定新型职业农民教育培训制度、认定管理制度和扶持政策体系。按照新型职业农民培育要求，还要制定教学管理制度，培训班管理制度，实训基地管理制度、教师队伍管理制度、新型职业农民认定制度等一系列制度。三是制定一系列政策。针对新型职业农民培育制定优惠政策：在流转使用土地方面优先享受优惠政策；优先享受农业项目技术服务和补贴；优先安排财政扶持贷款及贴息贷款
成立三支师资队伍	构建以党校、农广校为主办单位，以大专院校客座教授为主的高层次师资队伍；以县、乡农牧专业技术人员为主的理论与实际相结合的师资队伍；以优秀职业农民现身说法、实际操作为主的农民师资队伍。三支教师队伍强强联合，优势互补，提高效果，努力做好"三个结合文章"，即培训时间与生产季节、先进经验与实用技术、理论知识与实践操作相结合，努力提高培训效果

资料来源：鲍玉琴等. 新疆玛纳斯县新型职业农民教育培养模式［J］. 新疆农业科技，2014（2）：48 – 49.

五、新型职业农民培育的"互助模式"

青海省互助县在新型职业农民培育培训中不断探索培训新路径，根据农民现实需求，把专业技术知识学习与基地生产实践融合起来，实行农民点菜、专家下厨的"菜单式"和根据农时"分段式"培训，把培训课堂直接搬进农业产业园区、蔬菜大棚、养殖场、田间实训基地等生产一线，着力培养专业型、实用型的新型职业农民，有效推进了现代农业发展，形成了以县政府为主导、农牧部门为主管，农广校为主体，以农技推广机构和其他培训机构为补充的多元化"菜单式""分段式"新型职业农民培育新体系，新型职业农民成为繁荣县域农业农村经济、加快现代农业发展的新引擎。互助县通过"菜单式""分段式"培训，逐步培养包括农业工人、种养大户、农业企业带头人、社会化服务组织专业人员等为主体的"有文化、懂经营、会管理"的新型职业农民队伍，同时，建立新型职业农民档案库、师资库、教材库、项目库，确保了新型职业农民培育工作健康发展。[1] 另外，为保障"菜单式""分段式"培育新型职业农民工作扎实开展，不断完善工作机制，在组织、政策和制度建设等方面形成了一套较为完善、有效的培训保障体系，这种基层一线面对面的"菜单式""分段式"培训，深受广大农民欢迎，转变了以往"要我培训"为"我要培训"，极大地调动了农民和龙头企业参加培训的积极性，逐渐打造出了独具特色的新型职业农民培育"互助模式"（见表5-5）。

表5-5　新型职业农民培育的"互助模式"

模式类别	模式的主要内容
坚持"四个结合"，整合培训资源	围绕农业主导产业发展和农民多样化需求，精心编制培训"菜单"，开展多层次、多渠道、多形式的"菜单式""分段式"培训。一是与实用技术培训相结合。依据主导产业涉及的家庭农场工人、种养户发展生产需求，以达到会操作为标准，重点加强实用技术培训，使其成为当地农业科技示范推广的带头人。二是与农村实用人才带头人培训相结合。对龙头企业人员、社会化服务人员开展职业技能培训，让他们既懂技术，又懂理论，真正成为产业发展带头人。三是与涉农中等教育相结合。充分利用农广校打造一批理论知识、实践技能、生产经营、创新创业等方面得到综合提升的高素质新型职业农民。四是与基层农技推广相结合。充分发挥农技推广机构的引导作用，广泛吸收受训农民承担农业新品种、新技术、新成果的实验、示范、推广项目或科研课题，壮大基层农技推广队伍

---

① 朱先太，保积玲. 互助县"菜单式""分段式"培育新型职业农民成效显著［EB/OL］. 中国农村远程教育网，https：//www. ngx. net. cn/，2015 - 09 - 23.

续表

模式类别	模式的主要内容
把握"三个环节",抓实培训主体	一是严把准入关。以在农村从事农业生产,从业稳定性较高的农民和新型农业经营主体从业人员为培训对象。同时,明确初级、中级和高级新型职业农民培育对象和标准,确保新型职业农民的质量。二是严把培训关。对被已确定为初级、中级和高级的新型职业农民进行分层次培训。即对农业主导产业从业人员重点开展农业实用技术培训;对农业企业带头人、种养大户和社会化服务组织人员重点开展职业技能培训。三是严把管理关。坚持政府引导,农民自愿,严格标准,不断提升认定工作的科学性和权威性。对培养对象进行有针对性教育培训和考核后,并建立新型职业农民认证管理体系库,职业农民实行动态管理,可进可出
做到"三个到位",完善培训体系	一是组织领导到位。成立以县领导为组长,以农牧、财政、科技、林业、金融、保险等有关部门负责人为成员的领导小组,明确目标任务,为新型职业农民培育工作提供了组织保障。同时聘请高等院校专家及农牧系统专家技术人员一起组成讲师团,为新型职业农民培训提供技术支撑。二是政策扶持到位。对于新型职业农民实施"五优先",即优先保证涉农优惠扶持政策;优先申报安排项目扶持;优先提供金融信贷支持;优先享受科技推广等各项配套服务;优先进行系统化职业培训和教育。同时在资源要素流转、项目配套扶持、科技服务、担保贷款、税费优惠减免、农业保险、营销体系等方面给予大力扶持。三是制度建设到位。根据新型职业农民培育试点工作的具体要求,结合实际制定出台系列制度

资料来源:朱先太,保积玲.互助县"菜单式""分段式"培育新型职业农民成效显著[EB/OL].中国农村远程教育网,https://www.ngx.net.cn/,2015-09-23.

六、新型职业农民培育的"大观模式"

安庆市大观区不断深化农业农村改革,加快培育新型职业农民,积极推进发展现代都市农业,坚持把提高农业创新力、竞争力作为破除城乡融合发展障碍的关键,积极探索新型职业农民培育实践模式,培养造就了一支懂农业、爱农村、爱农民的"三农"工作队伍,为乡村振兴增添新动能。安庆市大观区根据产业发展需要和培训需求信息,结合城郊区域特色产业发展优势,采取"专家讲课→农民提问→专家解答"一问一答的互动式培训模式,组织辖区30余名农业技术人员深入田间地头,结合农技人员"包村联户"项目,每名农技人员包保服务6名种植户,农技人员对自己所服务的农户开展"点菜式"科技培训,现场解疑释惑、量体裁衣,分类解决农民遇到的技术难题。通过"专家+理论培训+基地实训+创业指导+扶持政策+新型职业农民"的菜单式服务模式,引导培育机构围绕"项目对接、技术对接、信息对接"对学员进行跟踪服务,上门解决各类难题、进行创业辅导。另外,通过定期组织职业农民开展线下跨地区考察交流,搭建职业农民培育微信群等线上交流平台,双管齐下为新型职业农民生产经营提供精准服务,通过交流不断取得"真经",适时调整种植模式,提高产品品质,实现增产增效。同时,大力推行农民田间"讲习所"实践操作制度,直接面对农户,由农民"点题",农技人员"配菜",通过专家与农民之间参与式、互动式、启发式的学习方式,调动农民的积极性和创造性,促使农民由"要我学"到"我要学",现场解答疑难,实践性强,又能很好地互动,群众接受起来快、效果好。加大新型职业农民培育的政策支持力度,统筹整合农村土地整理、高标准农田建设、小型农田水利建设等农业基础设施建设项目,引导其优先向高素质农民生产区域或领办的经营主体倾斜,逐步形成项目带动产业发展、产业促进高素质农民队伍壮大的良性发展模式。① 探索开展高素质农民农村土地经营权和农民住房财产权抵押贷款试点,鼓励金融机构开展适合高素质农民特点的信用贷款业务,适当给予利率优惠,降低融资成本,逐渐形成了独具特色的新型职业农民培育"大观模式"(见表5-6)。

---

① 潘兴贵. 大观区:积极探索新型职业农民培育模式 为乡村振兴增添新动能 [EB/OL]. 安庆市大观区人民政府网, http://www.aqdgq.gov.cn/, 2020-10-20.

表 5-6 新型职业农民培育的安庆"大观模式"

模式类别	模式的主要内容
开展"菜单式"培训	围绕优势产业,充分发挥当地"田秀才"、"土专家"、致富"能人"的作用,把实用技术培训从教室搬到田间地头,通过群众"点菜"、专家"下厨"的方式进行,农民亲自实践,遇到问题时,再给予有针对性的指导,通过教、引、传、帮、带等多种举措,选拔、培养留得住、用得上、讲得出的村民"土专家",使他们成为农村"田间课堂"的讲解骨干、种养的行家里手。在农业龙头企业、农民合作社、家庭农场设立教学点,组建"首席专家+农技人员"的服务团队,探索推行"专家+理论培训+基地实训+创业指导+扶持政策+新型职业农民"的菜单式服务模式
建立"一体多元"教育培训体系	建立"专门机构+多方资源+市场主体"的"一体多元"教育培训体系,采取现场教学、实践实训、参观学习、讨论交流等多种形式,精心安排培训课程,做到学员学习实训有场地、难题疑问有指导、创新创业有帮扶。建立新型职业农民发展信息交流平台,围绕产业结构调整、农产品市场供求、农业项目申报、品牌创建等事项,交流经验、寻求合作。定期召开新型职业农民交流座谈会,邀请技术专家与新型职业农民面对面交流,探讨经营过程中存在的问题和困惑,传授生产技能和管理经验
完善"职业农民优先"的政策体系	完善政策支持,积极对接惠农扶持政策,使新型职业农民在农业补贴、产业项目、土地流转、金融保险、信息服务等方面享受优先权,充分激发农民群众参加培训、提升技能的积极性。在政策扶持方面,把获得职业农民资格证书与产业发展扶持政策紧密结合,让有限的资源优先由高素质农民享用,实现同等条件下的"四优先":优先享受涉农优惠扶持政策;优先申报安排省市扶持项目;优先享受先进科技推广等各项配套服务;优先给予基础设施建设配套支持
设立田间"讲习所"	在乡镇成立新型职业农民培训"讲习所",创新农民培训方式,结合农时充分尊重农民的学习特点和规律,创新课堂集中教学形式。采用固定课堂"领学"、流动课堂"送学"、空中课堂"引学"、田间课堂"导学",将理论授课、基地实训、集中答疑、参观交流和技能比武多种形式相结合,多层次多渠道互为补充。拓展出休闲农业、"互联网+"、产业融资、农产品品牌建设、"美丽乡村+农旅结合"等培训内容,拓宽职业农民受训知识面,打造复型职业农民。创新载体,灵活方式,积极运用专家讲授、现场教学、交流研讨、参观考察"四位一体"的形式开展培训,实现培训套餐化、系统化

资料来源:潘兴贵.大观区:积极探索新型职业农民培育模式 为乡村振兴增添新动能[EB/OL].安庆市大观区人民政府网,http://www.aqdgq.gov.cn/,2020-10-20.

七、新型职业农民培育的"临沂模式"

新型职业农民是伴随农村生产力发展和生产关系完善产生的新型生产经营主体，是构建新型农业经营体系的基本"细胞"，是发展现代农业的基本支撑，是推动城乡发展一体化的基本力量。只有让农民职业化，才能从根本上提高农业的内在活力和发展动力，才能有更富的农民、更美的农村、更强的农业。在新的历史时代，对于新型职业农民的培训不仅满足了农民物质生活富足的需要，更成为丰富他们精神生活的最佳途径，"农民"再也不是一个标签化的尴尬身份，取而代之的是一份令人羡慕的职业。培育新型职业农民的本质就是要解决"谁来种地？""如何种好地？"的问题。发展现代农业以及实施乡村振兴，根本出路在科技，关键在人才，最基础的工作任务就是要培育有科技素质、有职业技能、有经营能力的新型职业农民。① 根据农业农村部的要求以及省农业农村厅的要求，科学部署工作、扎实开展新型职业农民培育示范工作，积极探索实践农民田间课堂"六统一"规范化建设，逐渐形成了独具特色的新型职业农民培育"临沂模式"（见表5-7）。

表5-7　新型职业农民培育的"临沂模式"

模式类别	模式的主要内容
生产经营的"一点两线"模式	按照"一点两线"模式开展培训。将对筛选的学员，分产业、按区域分成教学班，教学班大多设在农民专业合作社或生产基地。"一点"以产业为立足点，促进农业规模化生产；"两线"一是技术技能路线，即从种到收，依据农业生产技术环节和农时季节开展全程培训，二是经营管理路线，即从生产决策、成本核算、过程控制、产品营销到资金回笼，依据时间节点和产业需求开展全程培训

① 宋佳. 从"农民"到"职业"解读新型职业农民培育的临沂模式［EB/OL］. 凤凰山东网，http：//sd. ifeng. com/，2015-05-24.

续表

模式类别	模式的主要内容
兴办田间课堂重点做到"六统一"	探索实践田间课堂方式，强调做到"六统一"，即统一建筑标识。聘请专家设计制作并投放到主要交通路口、授课教室、实训基地等。统一培训流程。按照开学典礼、组织农民学习活动日、成果展示与结业典礼的流程顺序开展。统一培训装备。制作农民田间课堂培训装备专用箱，配备培训必需物品。统一师资队伍。县区分校推荐，经省、市农广校培训合格后，统一颁发聘任证书。统一管理制度。制度汇编成册，建立数据信息库，方便后续跟踪服务
"八统一"准军事化培训	根据统一部署，新型职业农民培育工程经营管理培训全部在相对统一的培训基地集中开展，时长8天，采取统一课程设置、统一服装军训、统一教材等"八统一"准军事化培训
资格分级认定追踪考察	在资格认证上，采取分级认定、分层管理的方式：具有一定从业技能和发展能力、产业发展具备一定规模、自愿接受职业农民培训并考核合格的农民，将获颁职业农民初级资格证书。具备一定产业、引领带动作用较强的种养大户、家庭农场主、农民合作社负责人、农业企业主、有意愿参加市农委组织的更高层次的新型职业农民培训，并经考核合格的由市农委颁发新型职业农民中级资格证书。对于已认定的新型职业农民将按年度进行教育考核，对考核不合格的，取消其新型职业农民资格，并纳入重新培训和认定工作计划

资料来源：宋佳. 从"农民"到"职业"解读新型职业农民培育的临沂模式［EB/OL］. 凤凰山东网，http：//sd. ifeng. com/，2015－05－24.

第二节 新型职业农民培育的国外模式

新型职业农民一直是现代农业建设的主力军，是农业经营的主体，更是实施乡村振兴战略的推动者。当前形势下，乡村人才短缺仍然是制约乡村振兴战略实施的一大障碍，如何破解乡村人才制约，加强农村专业人才队伍建设，造就更多的乡土人才，这是新形势下亟待解决的重大问题。如何培育出更多的新型职业农民，建立完善的职业农民制度，完善配套政策体系已经成为国内外乡村振兴战略的紧迫课题，在国外众多实践过程中，重视和加强新型职业农民培育是诸多国家农业现代化发展进程中的一个重要方面，并且国外已经探索出了众多的新型职业农民培养的新模式、新路径，对我国具有重要的启示和借鉴意义。

一、新型职业农民培育的"美国模式"

综观世界各国，农业农村现代化离不开人才。美国通过大力培养新型农业接班人，着力加大对农业生产经营者和管理者进行继续教育，加快农业现代化发展，以至于农业一直处于世界领先地位。美国新型职业农民培训大力发展主要得益于政府的大力支持，高度重视职业农民的再教育以及技能再培训，大力推行职业农民的职业素养教育，提升农业职业教育发展水平，并且提供充足的经费保障，美国将农业预算看作政府农业经济政策的核心，得益于不断优化职业农民运营体系，建立了系统性的新型职业农民培育体系，得益于健全了完善的法律系统，积极立法支持美国农业法律体系建设，并且相继通过了《莫雷尔法》《史密斯·利费农业推广法》《史密斯·休士法案》《职业教育法》《哈奇法》等法案以促进农业教育形成一个完整的农业发展体系。[①] 倡导新型职业农民的持证上岗制度，同时保证项目的资金来源，逐步形成了新型职业农民培育的"美国模式"（见表5-8）。为美国的乡村振兴以及农业的可持续发展提供了强大的人才支撑，也为世界农业的发展和世界

---

① 杨柳等. 美国新型职业农民培育经验与启示［J］. 农业经济问题，2019（6）：137-143.

乡村振兴提供了可复制、可借鉴、可推广的实践经验借鉴。

表5-8　新型职业农民培育的"美国模式"

模式类别	模式的主要内容
建立完善的学历教育体系	由正规的农业教育机构和一般推广教育机构构成,建立起初、中、高等农业职业教育和学历教育。公立大学、农学院、社区大学等部门,采取课堂理论知识与田间实践教学相结合的教学方法,对青壮年农民群体以及有意愿从事农业工作的人群进行学历教育
推行科学有效的技能培训体系	发动社会各界团体和人士,成立民间新型职业农民培育组织来进一步推广新型职业农民的培育。鼓励各级农业院校在农村和城市成立自己的4H组织。在农村,依托当地农业管理部门,建立以种植玉米、番茄等农作物为主题的青年团体,以田间亲手实践方式传授农业实用技能和推广农业技术。在城市,采取"农业技术+农业管理"、农业经济和农业科技的多学科融合培训方式培训新型职业农民
设立综合培训、科研和推广一体农业实验站	农业实验站体系是在英国农业协会捐助与管理体制和德国国家资助体制的基础上发展起来的,将农场的运营以及管理方式视作农场经营活动的核心,将农业相关的市场营运销售知识以及管理方式和经验传授给各农场主,并对生产技能提供指导,包含作物科学种植与家畜的养殖繁育、园林艺术、器械原理等
开展多层次的管理技能指导	美国的政府、组织甚至个人都积极帮助农民进行管理技能的指导和学习,帮助新型职业农民把头脑中的想法体现在商业计划当中,为土地、农作物、化肥等因素进行科学分析
实施风险防控指导	提供风险防控工具帮助生产商和新型职业农民满足其需求,包括获取风险管理工具,如作物保险或有关市场和风险的信息,应对共同风险的技术援助,防止动植物病虫害蔓延,以及提供灾后援助

资料来源:杨柳等.美国新型职业农民培育经验与启示[J].农业经济问题,2019(6):137-143.

二、新型职业农民培育的"日韩模式"

日本一直以来非常重视农民职业教育,提出了诸多的政策与举措,因此,日本农民职业教育体系相对完善,主要由"文部科学省系统与农林水产省系统"两个部分组成，而韩国类似于日本，主要由教育系统的农业职业教育与农业系统的农民职业教育两部分构成了韩国农民职业教育体系（见表5-9）。

表5-9 韩国与日本农民职业教育体系一览

国家	主要构成	包含内容	主要层次	教育对象	学制	教学特色
韩国	教育系统	初等农业	小学、初中阶段	小学生、初中生		
		中等农业	农业高中	高中生		
		高等农业	综合大学的农学院	大学生		
	农业系统	农业推广教育	农渔民后继者教育	农业后备者		文化知识水平培养
			专业农民教育	核心农户		产业化经营培养
			国立农业专门学校	农场家庭学生	3年	注重实践能力培养
		农业指导教育	农协大学	农协工作人员	4~6个月	上课方式灵活多样
			农协研修院	各农协指导者	短期培训	定期培训
			农协指导者教育院	农民	短期培训	注重实践操作能力
		农业实践教育	农村青少年教育协会、其他民间团体	农村青少年	短期培训	教学形式灵活多样
		农业培训	大型农机企业	农民	短期培训	农业机械操作等
日本	文部科学省农业职业教育	初等农业	小学、初中阶段	小学生、初中生		
		中等农业	普通高中农业教育、农业高中	高中生		
		高等农业教育	专科、本科、研究生	大学生、研究生		
			农业者大学校	高中以上学历	3年	理论与实践相结合
			都道府县农业大学	高中毕业生	2年	凸显地区农业特色
	农林水产省农业职业教育	农技普及	农业实践学园	高中毕业生	5~6年	实践研修教育
				农村女性青年	1~3年	凸显农业实践能力
			农业改良普及中心	从事农业人员	不限	教学形式灵活多样
			农业青年俱乐部	从事农业人员	短期培训	交流、研究活动
		农协教育	务农预备校	从事农业人员	短期培训	农业知识与技术
			中央协同会学园	农协工作人员	短期培训	民间形式农业推广
			全国教育中心等	农协工作人员	短期培训	

资料来源：李毅，龚丁．日本和韩国农民职业教育对中国新型职业农民培育的启示［J］．农业经济问题，2019（6）：137-143．

日韩新型职业农民培训新模式主要表现在以下几个方面：首先，政府的高度重视。日本与韩国农业发展历程基本相同，都经历了从难以温饱到跃身世界先进农业之林，飞跃来源于农业的飞速发展，农民职业教育成为其重要推动力，日本、韩国农民职业教育提倡"终身教育"。农民职业教育从学校教育拓展到社会的各个层面，形成了国家主导、各方力量积极参与的格局，农民职业教育以农业技术推广为导向。其次，完善的法律保障是日本、韩国农民职业教育改革、发展的强大后盾。日本、韩国对于农民职业教育实施财政、金融信贷、农业保险等一系列支持政策，全面的扶持政策保障了农民职业教育的顺利实施与职业农民的利益。最后，高水平农业科研、系统化农业教育与专业化农业技术推广"三位一体"有机结合，相互作用。① 农民职业教育"设计、实施、监督"针对性突出，为农业可持续发展奠定了坚实的基础，逐步形成了新型职业农民培育的"日韩模式"（见表 5 - 10）。

表 5 - 10　新型职业农民培育的"日韩模式"

模式类别	模式的主要内容
注重"农民"身份职业转换	日本、韩国农民的人口比例较低，注重农民观念的更新和思想上的革命，对农民职业教育的重视通过法律、政策、宣传等途径深入人心，社会对"农民"职业认可度高，注重"农民"从身份到职业的转换
注重培育的系统性与实效性	日本、韩国两国农民职业教育突出特点是教育体系相当完善，这源自清晰的培育思路。根据这两国农民职业教育体系的构成、特点和重点，从源头上理顺思路，构建系统性、实效性的培育体系
注重培育的公益，排除功利	日本、韩国两国关注教育本身的质量与农民学到的知识与技能，以此为目的抓好各环节，体现出"为了效果而教育"的特点。从事农民职业教育的老师由统一部门进行选拔培训，实践之后才能上岗；对教育质量监督与考核有严格标准，注重培育的公益，排除功利

① 李毅，龚丁．日本和韩国农民职业教育对中国新型职业农民培育的启示［J］．农业经济问题，2019（6）：137 - 143.

续表

模式类别	模式的主要内容
注重内部与外部环境的一致	日本、韩国两国农民职业教育的成功，离不开优质的教育环境，政府注重教育环境的创造，如国家对农民在补助、贷款、保险、津贴方面都有诸多优惠，注重内部与外部环境的一致

资料来源：李毅，龚丁．日本和韩国农民职业教育对中国新型职业农民培育的启示［J］．农业经济问题，2019（6）：137－143.

三、新型职业农民培育的"荷兰模式"

一个国家农业现代化的迅速发展始终离不开职业农民这个关键主体。荷兰推行"OVO"模式来培育职业农民，不仅推动研发宣传新型农业科技和成果，还及时将各类科研成果转化到职业农民的知识储备，荷兰政府坚持长期农业政策补贴，并且在不同时期进行适当优化调整其农业财政经费支出结构。① 荷兰完善的农业法律制度体系、推行"OVO"特色模式以及有力的财政经费支撑等优势，为新型职业农民培训以及农业可持续发展奠定了坚实的基础，逐步形成了新型职业农民培育的"荷兰模式"（见表 5－11）。对荷兰的先进模式经验的学习，有助于我国加快乡村振兴发展战略的步伐。不断加强农业法律法规建设、构建农业知识教育创新体系、加大财政经费支出比例，聚焦推进我国新型职业农民高水平队伍建设。

四、新型职业农民培育的"德国模式"

农业发展与乡村振兴是实现国家稳定和人民富足的坚实基础，建设世界农业强国，实现全球乡村振兴，关键在于人才的培育，而新型职业农民培育便是重中之重。德国是职业农民培育的先驱，德国职业农民培育以培养实用

---

① 盛宁．荷兰农民职业教育对我国新型职业农民培育的启示［J］．现代化农业，2019（8），45－46.

性人才为基本目标，形成了独具特色的"双元制"新型职业农民培训模式。

表 5 – 11　新型职业农民培育的"荷兰模式"

模式类别	模式的主要内容
完善的农业法律制度体系	荷兰发达的农业离不开一系列完善的农业法律制度体系。19世纪末期，荷兰陆续颁布了《合作社法》《农业财产法》等多部关乎农民直接权益的法律，以《合作社法》为例，荷兰政府保证了其农民通过合作社可以参与各项政策优惠，通过合作社也向广大农民宣传了法律方面农业相关政策。以法律条文的形式保证农民可以通过农业合作社参加相关教育培训和职业教育，保证了荷兰职业农民的整体职业水平。荷兰合作社逐渐成为荷兰成熟的农民协会组织
推行"OVO"模式	"OVO"是由荷兰政府早期组织推行的先进模式，它致力于建立全方面的农业知识创新体系，主要由农业科研、教育和推广系统三部分组成，三者协同发展，共同发力。体系的核心目标在于通过在政府农业方面相关政策的背景下集中力量来推动研发和推广各种新型农业技术。农业知识创新体系对所有农民开放，并对所有农民免费提供教育培训，为其农民职业教育提供强劲的智力支持
强有力的财政经费支撑	荷兰农业较为突出的特点在于通过高投入来获取高产出。荷兰的全国教育和研究经费占到国家总预算的19.1%。通过在农民职业教育、农业科研等领域的巨额投入，荷兰努力克服其在农业方面资源少、环境恶劣等短板，跻身世界农业发展前列成为农业出口大国

资料来源：盛宁. 荷兰农民职业教育对我国新型职业农民培育的启示［J］. 现代化农业，2019（8）：45 – 46.

德国政府高度重视完善职业教育法律保障体系建设，目前，德国涉及农业职业教育的法律包含联邦政府、部门政府和行业协会三个层面。另外，为了保障职业教育的质量，德国联邦州文教部对职业教育教师设置了严格的标准，并且将德国农业职业教育教师分为两种：一种是学校教师，另一种是企业教师，不同的教师类别有着不同的任职条件。① 德国农民职业教育包括普

---

① 柳一桥. 德国农业职业教育对我国新型职业农民培育的启示［J］. 农业经济，2018（4），64 – 66.

通教育、职业培训、成人教育等多种形式，其教育机构除国家建立的学校或机构以外还有专业协会、合作社以及教会系统等设立的学习与培训机构，德国政府通过完善资金投入政策来保障职业教育的发展。在职业教育经费投入中，德国政府尤为关注双元制教育的经费保障，较为完善的农民职业教育体系决定了"双元制"模式的经费投入渠道完备且稳定充足①，因此，整个过程对农民学员而言近乎零成本负担，逐步形成了新型职业农民培育的"德国模式"（见表 5 - 12）。通过参照德国先进模式经验，切实提高我国新型职业农民群体素养水平，凸显人才对我国乡村振兴的支撑作用。

表 5 - 12 新型职业农民培育的"德国模式"

模式类别	模式的主要内容
多重立法保证	德国自 1950 年陆续颁布《联邦职业教育法》《企业法》等十多部法律，从界定教育范围、技术标准、参与成员权利与义务到制定考核制度、职业资格准入制度和领导机构等，力图通过立法保证农民职业教育的制度化、规范化和常态化
"双元制"教育模式	采用互通式教育方法，强调农民学员理论学习和农场生产实践结合，农民学员需与农场签署劳动合同。农场工人会领导学员按课程计划进行劳动，如实记录学员参与情况。"双元制"以生产实践为主，理论学习为辅，要求受教育者每周接受 3 ~ 4 天的农场实践以及 1 ~ 2 天的理论学习。以贴近现实农业生产的教育定位，谋求最大程度上提高农民理论水平与实践能力。最后农民学员考取"农业专业工人""农业师傅证书"才具备管理农场的权利
分类别的职业定级认证体系	依据农业人才需求情况，德国农业职业教育主要划分耕种员、牲畜养殖员、渔业工作者、园艺师、狩猎员、林业工作者、酿酒师、马匹饲养员、葡萄种植员、农技服务人员等 14 个类别。不同的职业类别又包含不同的职业方向。为了实现农业职业教育的规范化管理，德国实施了层次式的农业执业资格定级认证制度，依据执业技术水平的差异性，德国农业领域执业资格一共分为五个等级

---

① 仲彦鹏，李海燕. 德国农民职业教育对我国新型职业农民培育的启示［J］. 现代化农业，2018（7），47 - 48.

续表

模式类别	模式的主要内容
充足经费支持	完善的农民职业教育体系决定了"双元制"模式的经费投入渠道完备且稳定充足，整个过程对农民学员而言近乎零成本负担。一方面，国家财政每年划拨大量经费给学校，并且其中一部分以税费补贴的形式返还给农场，政府也会鼓励机构或个人为农民职业教育捐款作为教育经费。另一方面，学校和农场会承担起诸如学校建设、设备添置以及农场运行等日常开销

资料来源：①柳一桥. 德国农业职业教育对我国新型职业农民培育的启示 [J]. 农业经济，2018（4）：64 – 66.

②仲彦鹏，李海燕. 德国农民职业教育对我国新型职业农民培育的启示 [J]. 现代化农业，2018（7）：47 – 48.

第三节 新型职业农民培育的模式述评

综观世界，加强职业农民培育是诸多国家实现农业现代化的一个重要战略举措，而农业现代化的关键在于农民自身科学文化素质的不断提高。在对国内外众多农业现代化与乡村振兴实践进行分析后，可以得出，许多国家和地区都十分重视新型职业农民的培育，并已经形成了较为完善的法律制度保障体系、培育体系、认定体系以及监督体系，对我国新型职业农民的培育起到了一定的实践借鉴作用。

一、国内新型职业农民培育述评

1. 遴选基地以提升培育质量

梳理国内新型职业农民培育的模式，可以发现遴选合格的中等职业学校是其共同的特点，这也是保障新型职业农民培育质量的有效办法，国内新型职业农民培育首先是通过遴选具有涉农专业办学资质能力以及实践经验的中等职业学校作为培训基地。然后，根据培训农民的现实需求，因地制宜把新型职业农民培训教学班办到乡村、农业企业、农民合作社、农村社区和家庭农场，方便农民就地就近学习，提高培训的质量和效益。另外，在培训项目安排上，培训要紧紧围绕集中力量打好脱贫攻坚成果巩固战与实施乡村振兴战略来开展，以提升培育的针对性以及培育质量。

2. 出台政策制度以保障培育效果

综观国内新型职业农民培育的实践，可以发现，完善的政策制度是基础性的保障。国内很多新型职业农民培育的试点地区，制定了新型职业农民教育培训制度、新型职业农民培育认定管理制度和新型职业农民培育扶持政策体系、新型职业农民培育教学管理制度以及新型职业农民培育培训班管理制度等一系列规章制度。另外，出台了新型职业农民培育的一系列优惠政策，例如，土地流转优惠政策、农业项目技术服务和补贴、财政扶持贷款及贴息贷款等，通过出台一系列的政策制度以保障培育效果。

3. 完善体系以丰富培育形式

国内新型职业农民培育具有一些显著的共同特点，比如在建立完善的教育培训体系上，他们主要采取现场教学、实践实训、参观学习、讨论交流等多种形式，精心安排培训课程，做到学员学习实训有场地、难题疑问有指导。同时，他们经常围绕农业产业结构调整、农产品市场供求、订单需求及农业项目申报等事项，定期召开新型职业农民交流座谈会，邀请技术专家与新型职业农民面对面交流，传授生产技能和管理经验。

4. 分层管理以规范资格认证

国内新型职业农民培育在资格认证上大多采取分级认定、分层管理的方式，对具有一定从业技能和发展能力、产业发展具备一定规模、自愿接受职业农民培训并考核合格的农民，将获得职业农民资格证书。后期管理上，科学规范地进行资格认证，对于已认定的新型职业农民将按年度进行教育考核，对考核不合格的，取消其新型职业农民资格，并纳入重新培训和认定工作计划。

二、国外新型职业农民培育述评

1. 法律制度体系不断健全

综观美国、德国、荷兰、日本、韩国等发达国家新型职业农民培育的发展历程，不难发现完善的法律制度和政策保障在其中起到了至关重要的作用。通过立法为职业农民培育提供制度保障是大多数发达国家的首选。美国通过健全和完善法律系统，积极立法支持美国农业法律体系建设，从而不断优化职业农民运营体系，建立了系统性的新型职业农民培育体系；《莫雷尔法》（1862年）的颁布，首次将农民教育纳入教育体系，随后又颁布了《史密斯·利费农业推广法》《史密斯·休士法案》《职业教育法》《哈奇法》等法案以促进农业教育形成一个完整的农业发展体系。德国从1950年开始陆续颁布了《联邦职业教育法》《企业法》等十多部法律，规定了农民职业教育的范围、技术标准、参与成员的权利与义务、考核制度、职业资格准入制度以及领导机构等方方面面，力图通过立法来保证农民职业教育的制度化、规范化以及常态化。[①] 荷兰发达的农业离不开一系列的农业法律体系。19世纪末期，荷兰陆续颁布了《合作社法》《农业财产法》等多部关乎农民直接权益的法律。日本从明治政府时期就重视从国家立法的层面保障农业培训，从日本农民职业教育的开端《农业教育通则》的颁布到《农业基本法》《食品、农业、农村

---

① 柳一桥. 德国农业职业教育对我国新型职业农民培育的启示［J］. 农业经济，2018（4）：64－66.

基本法》的颁布都印证了这一点。还有英国、法国、以色列等都出台过相关法律对农业职业教育的范围、权利及义务、技术标准、考核制度以及领导机构等做出了明确的规定。

2. 评价认证机制逐渐完善

完善的评价认证机制是美国、日本、韩国、德国、荷兰等发达国家农民职业教育与新型职业农民培训体系稳定运行的重要保证。例如，美国农业部门制定了完善的农场主等级认证制度，对农业职业培训中农场主的培训不仅要求其获得一定的职业等级资格证书，还必须辅之以一定的农业绿色资格标准。在其他新型职业农民的培育上也不仅是采用单一的评价标准，都必须辅之以其他的必要条件。日本与韩国主要实行的是生态农户认定制度和农业者认定制度，与美国的农民职业培育的认定大同小异，主要采用多种认定标准进行认定，强化新型职业农民的认定资格。另外，德国、英国、以色列等发达国家的新型职业农民培训有着完善的评价认证机制。总体来讲，美国、日本、韩国、德国、荷兰等发达国家的新型职业农民培训针对不同的职业类型，采取分类认证方式进行科学的认证评估，保障认证的质量。

3. 培育体系系统不断完善

建立科学系统的培育体系是推动职业农民选拔、培养等环节有序开展的有力保障。从美国、日本、韩国、德国、荷兰等国家已形成的新型职业农民培训体系上来看，完善的培训体系注重两点：一是体系设立科学系统，政府管理较强；二是紧靠市场，培养实用人才。如美国在全国逐步形成了"农业教育、科研、推广"相结合的三位一体的农民培育体制，统归农业行政部门垂直管理。日本、韩国两国完善的农民职业教育体系源自于清晰的培育思路，特别是日本构建了由国家统筹规划、各部门分工协作的农民教育培训体系。以教育系统为培训的主体，农业及相关部门指导与协作，重点在于满足市场需求、改良农业生产。根据这两国农民职业教育体系的构成、特点和重点，不难看出系统性、实效性和市场化在培育体系中的重要性。① 德国长期实行"双元制"教育模式，将企业中的实践培训与职业学校里的理论学习相结合。同时，培育体系与时俱进，根据农业现代化发展中的新情况不断进行适当调整。② 近年来根据新情况，出台了加强农业教育的新计划，强调要全面更新农民掌握的专业知识和生产技能，培养高级专门人才和农业实用型人才。

4. 培育模式创新灵活多样

各国的农民培育模式呈现出多元化趋势，课程设置与授课方式灵活多变。在课程设置上一般根据市场需求进行培训，一种是根据培训者自身的需要进行课程设置，多具有自主性，如韩国采用的"学券"制度，就是培训不由政府统筹安排统一的培育课程，而是农民根据自身需要来选择课程，使用培训券来支付培训费用；另一种就是采用分段式实践教学。③如英国实行"一年学院全日制＋一年农场实践＋一年学院全日制"的分段式教学，强调实践教学。荷兰注重研发宣传新型农业科技和成果，强调将各类科研成果转化到职业农民的知识中，从而推行"OVO"模式来培育职业农民，它还坚持长期进行农业政策补贴，并在不同时期根据实际情况适当调整农业财政经费支出结构。荷兰完善的"OVO"特色模式不仅为新型职业农民培训提供了新的模式经验，更为农业的可持续发展做出了巨大的贡献。④ 在授课方式上，近年来随着互联网的普及和信息技术的更新发展，美国、德国等发达国家大量推广采用网络方式进行教学，通过远程教育网络平台开设丰富多彩的农业课程，

---

①③ 张文君. 国外职业农民培育对我国的启示 [N]. 农民日报，2016－05－17.

② 仲彦鹏，李海燕. 德国农民职业教育对我国新型职业农民培育的启示 [J]. 现代化农业，2018（7）：47－48.

④ 盛宁. 荷兰农民职业教育对我国新型职业农民培育的启示 [J]. 现代化农业，2019（8）：45－46.

促使农民更新市场观念、提高信息灵敏度、更快地融入市场。

5. 培育资金供给保障充足

新型职业农民培训是一项系统性工程，不仅需要投入大量的人力与物力，更需要雄厚的财力作为支撑。农业的基础性决定了新型职业农民培训的财力支撑来源于政府。从发达国家的经验来看，农民培育投资渠道主要来自于政府。对于培训机构，政府主要是通过"间接"拨款和优惠贷款等方式，来鼓励、引导、支持具有相关资质的培训机构来兴办农民培训和扩大农民参与来源，或者采用政府自建培训机构的方式进行职业教育培训。对于培训对象，政府通过制定学杂费用的减免和伙食补助等优惠政策，鼓励青年学生报考农业职业学校，或者是对成年职业农民开设免费义务的职业技能培训班。对农业科研和推广机构，政府同样也提供了大量充足的经费。比如在德国，政府尤为关注双元制教育的经费保障，职业农民培训的经费投入渠道完备且稳定充足，职业教育对农民学生是免费的①，农业职业学校里产生的费用，由教育提供方承担，联邦政府和州政府则通过补助金的形式进行资助。荷兰全国教育和研究经费占到国家总预算的 19.1%。通过在农民职业教育、农业科研等领域的巨额投入，也保证了培训资金的稳定。②

三、国外新型职业农民培育启示

1. 务必健全培育制度体系

国外发达国家的实践证明，只有通过立法，加大国家新型职业农民培训的顶层设计，建立和健全职业农民培育的法律法规体系，才能保障新型职业

① 张文君. 国外职业农民培育对我国的启示［N］. 农民日报, 2016 – 05 – 17.
② 盛宁. 荷兰农民职业教育对我国新型职业农民培育的启示［J］. 现代化农业, 2019（8）：45 – 46.

农民培育健康、有序、稳步地发展。美国、德国、荷兰、日本、韩国等发达国家新型职业农民培育的飞速发展，完善的法律制度体系起到了至关重要的作用。通过立法为职业农民培育提供制度保障对我国的新型职业农民培育具有重大的启示和借鉴作用。最为突出的是美国，美国农业处于世界领先地位得益于健全完善的法律制度体系。美国政府积极立法支持美国农业法律体系建设，并且相继通过了《莫雷尔法》《史密斯·利费农业推广法》《史密斯·休士法案》《职业教育法》《哈奇法》等法案以促进农业教育形成一个完整的农业发展体系。中国政府要在《中华人民共和国农业法》等顶层层面中增加新型职业农民培育的内容。另外，制定和完善关于新型职业农民培育的专门法律或条例，逐步形成具有中国特色的职业农民培育法律制度体系，以保障新型职业农民培育的效果。

2. 务必规范评价认定体系

新型职业农民的评价与认定关乎新型职业农民培育实践的质量，美国、日本、韩国、德国、荷兰等发达国家的新型职业农民培训针对不同的职业类型，采取分类认证方式进行科学的认证评估，保障了新型职业农民培育评价认证的质量。因此，我国也亟须建立科学有效的评价认定体系。要制定出既统一又多元的评价认定模式。统一是指国家层面制定出统一的认定和管理标准，使新型职业农民的认定和管理有据可查，更加透明开放。多元是指针对不同人群、不同培训模式、不同培养方向采用不同的评价方式，比如在对文化水平低经验丰富的传统农民和文化知识丰富但实践经验欠缺的青年农民进行评价与认定的过程中就应该体现出差异，并且对于已经认定为新型职业农民的劳动者，也要采取动态评价的方式，不断更新评价，及时了解农民的实际需求。

3. 务必完善培育运行体系

经过多年的探索和实践，发达国家已经形成了一套成熟系统的新型职业

乡村振兴与新型职业农民培育

农民培育运行体系，以日本、韩国为例，早已形成了"高水平农业科研、系统化农业教育与专业化农业技术推广""三位一体"有机结合相互作用，实现农民职业教育"设计、实施、评价、监督"系统化、程序化，各司其职、各负其责①，有效避免了各部门之间的职能混淆、管理混乱、运行错乱等情况的发生。近年来，国家大力支持新型职业农民培训的发展，也积累了一定的建设经验，但是与发达国家相比，我国新型职业农民培训还存在诸多不足：首先，管理体制上的不足。培训主管部门与其他行业部门之间的职能没厘清，既缺少统筹协调，也缺少过程的监管考核。其次，运行机制上的不足，适应培训需求和市场规律的运行机制还没有完全建立，资源的投入不够，设施落后。最后，主体培育不够。根据这些差距要进一步完善培育体系，优化运行机制。通过借鉴发达国家的先进培育模式和经验，一方面，厘清思路，制定各主体参与的明确责任与权利；另一方面，加强基层农广校建设，落实基层农广校人员的编制和财政保障，建立与职能任务和办学要求相适应的专职办学队伍，改善办学基础条件，提升教育培训能力。②

4. 务必创新培育实践模式

通过对发达国家新型职业农民培育实践模式的分析，发达国家非常注重理论性与实践性的协调统一，以应用实践为主，理论讲授为辅。我国农民培训中虽然也考虑到要将实践应用与理论教学有机结合起来，但仍然有较大的差距。这是我国必须要进行调整和改进的地方。另外，国外的实践经验模式丰富多彩，并且契合地方政府的工作实际，契合培育农民的实际需求，而我国的新型职业农民培育实践模式虽然比较多，但是模式基本上大同小异，没

① 李毅，龚丁. 日本和韩国农民职业教育对中国新型职业农民培育的启示［J］. 农业经济问题，2019（6）：137-143.
② 张文君. 国外职业农民培育对我国的启示［N］. 农民日报，2016-05-17.

有形成具有国际影响力的有效模式，因此，我国务必创新探索适合中国国情、契合地方实际以及体现农民需求的科学有效的培育实践模式，可以积极借鉴荷兰的"OVO"模式来培育职业农民，推动研发宣传新型农业科技和成果，及时将各类科研成果转化成为职业农民的知识储备。也可以学习德国的"双元制"教育模式，即采用互通式教育方法，强调农民学员理论学习和农场生产实践相结合，农民学员须与农场签署劳动合同。农场工人会领导学员按课程计划进行劳动，如实记录学员参与情况。今后，要打破限制，积极探索适合实际需求的培训模式。课程设置上，因地制宜，以实践教学为主，辅以理论性教育。多方参与，培训内容充分尊重农民意愿和当地产业特点，创新适合当地特点的培育模式，提高培训的实用性与创新性。

5. 务必加大培育资金投入

培育资金供给保障充足是新型职业农民培育开展的前提和基础。首先，一方面，学习国外经验，加大政府的资金支持。比如荷兰农业职业学校里产生的费用，由教育提供方承担，联邦政府和州政府则通过补助金的形式进行资助。[①] 另一方面，德国政府通过完善资金投入政策，保障职业教育的发展。"双元制"模式的经费投入渠道完备且稳定充足，整个过程对农民学员而言近乎零成本负担。[②] 我国的相关主管部门也要加大财政投入支持力度，设立专项的培育资金，专款专用，不得用于其他用途。其次，我国的地方政府主管部门要高度重视、积极作为。将地方的新型职业农民培育体系中的教育培训、认定管理、跟踪服务等各个工作环节经费纳入地方财政预算，并根据实际需求调整财政投入。同时，扩大培训规模，增加针对性培育的次数，提高

---

① 盛宁. 荷兰农民职业教育对我国新型职业农民培育的启示 [J]. 现代化农业，2019（8）：45–46.

② 仲彦鹏，李海燕. 德国农民职业教育对我国新型职业农民培育的启示 [J]. 现代化农业，2018（7）：47–48.

补助标准，保证培训效果，建立农业相关项目创业的小额贷款以及社会补贴。最后，参考借鉴发达国家先进实践经验，比如荷兰、美国、日本、韩国等，利用市场化手段筹措培训经费。在政府及相关部门充分进行财政支出的同时，也要充分利用市场化手段鼓励企业直接投资农民培训，鼓励农民培训机构采取多种方式吸收社会资金，筹措培训经费。同时，还要充分利用"绿箱"政策，增加农民培训投入，改善农民培训条件，提高农民培训质量。①

---

① 张文君. 国外职业农民培育对我国的启示 [N]. 农民日报, 2016 – 05 – 17.

第六章

乡村振兴视阈下新型职业农民培育实践

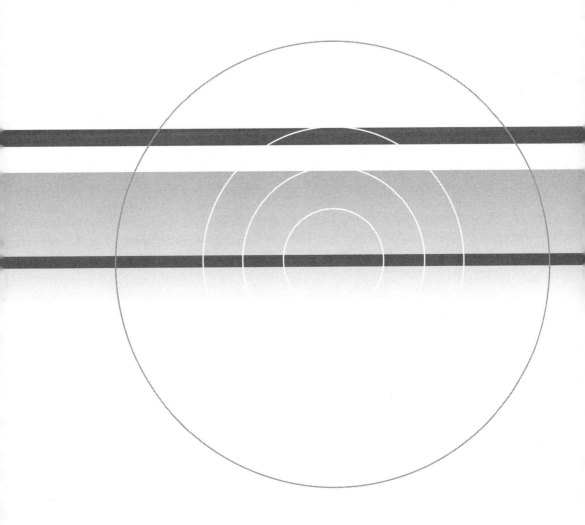

人才资源是第一资源，新型职业农民培育是强农富农的重要手段之一，是我国农业农村人才队伍建设的重要组成部分。只有加强农业农村人才队伍建设，才能加快农业科技进步，切实转变农业发展方式，确保现代农业发展有坚实基础；才能强化农村公共服务能力，促进农村社会全面进步，确保社会主义新农村建设有重要依靠，美丽乡村建设有重要支撑；才能有效带动农村人力资源整体开发，促进农民的全面发展，确保广大农民持续平等地参与现代化进程，共享更多改革发展成果。

第一节　恩施州新型职业农民培育的基本现状

恩施州抢抓新形势下农业农村发展新机遇，大力开展新型职业农民培育等工作。恩施州委、州政府高度重视新型职业农民培训工作，由州直管领导亲自带队，领导专班指导新型农业系列培训的前期组织工作，多次与相关单位进行研讨、动员，对培训方案、课程设置、培训模式等都作出明确指示，并多次莅临系列培训班做专题讲座。领导班子及时出台《2018 年恩施州市直新型职业农民培育项目实施方案》《恩施州特色产业发展带头人培训工作方案》，为了真正满足农民需要，提高农民积极性，切实推进乡村振兴，从指导思想、培训目标、培训对象、培训基地及师资队伍的选择、培训时间、责任分工、培训管理、经费预算、监督管理等方面做了深入细致的安排部署。紧紧围绕建成全省特色产业发展增长极，为乡村振兴和美丽乡村建设添砖加瓦，重点扶持新型职业农民，发展恩施州特色产业，实现规模经营，将新型职业农民培育与农业专业合作社规范化建设、家庭农场发展相结合，着力培养出了一支"爱农业、懂技术、善经营"的新型职业农民队伍，为加快推进恩施州乡村振兴战略实施进程提供了强有力的人才支撑。

一、完善新型职业农民培育认定工作

一方面，从实际出发，健全和完善了新型职业农民认定标准。重点关注家庭农场主、种养大户、农民合作社负责人、农业龙头企业负责人、村两委班子成员等人群，对符合条件的对象逐个建立独立完整的信息档案，并录入全省统一信息管理系统，做到不遗漏、不重复。另一方面，积极争取组织、人社等部门支持，切实落实新型职业农民数据库的信息录入与数据完善工作，对已入库的人才实行了动态管理。及时对信息进行更新和完善，深入调查了解入库人才状况，按照"入库信息全面、准确、有效、实用"的标准，对不符合认定标准或不再从事农业的入库人员，做到及时淘汰出库，严格培育对象准入标准，原则上培育对象年龄不超过 60 周岁。

二、确定新型职业农民培育机构及计划

在培育机构的选择、认定和考核中，坚持按照分级管理、分层负责的工作原则，按照"公开、公平、公正、务实"的原则科学选择培训机构，全面实施绩效考核管理。恩施州农业农村局科教科全权负责项目的统筹与协调、管理与验收；选择并确认专门的认定机构，指导培训基地做好教学组织实施、学员跟踪等服务。各个培育机构负责各培训班次的教学计划（方案）的制订、师资、教材、台账管理、信息报送和证书管理等事项。培训机构要以省培训规范为参照，以服务农民职业发展能力为导向，科学组织各项培训课程，切实服务好新型职业农民的发展。围绕茶叶种植、特色水果、高山蔬菜等主导产业，按照一个完整农业生产周期或产业链开发的需要，既要进行完备的产前、产中、产后相关理论及实操的专业技术培训，又要强化职业素养、经营管理、电子商务、农产品质量安全、政策法规等通识性教育的培训，注重培养"爱国、敬业、诚信、协作"的新型职业农民精神。

在新型职业农民培育的课程安排上，分类进行教育培训。对不同发展方向的农民有所侧重地进行针对性培训，对生产经营型职业农民开展全产业链式培训，侧重生产管理与市场营销知识的传授；对专业技能和社会服务型的职业农民分岗位和工种安排培训，侧重于实际操作技能提升。为确保培训的顺利实施，针对不同的培训岗位制定不同的培训课程表和不同的培训时间。一般情况下，生产经营型职业农民培训一共15天左右，分别为7天的生产经营型理论培训，5天的实训或参观观摩，3天时间进行研讨考核；针对专业技能和社会服务型的职业农民培训一共7天左右，分别为一般专业技能型和社会服务型理论培训3天，实训或参观观摩3天，理论考试1天。

三、提升新型职业农民培训质量及效益

（1）理论素养学习有提升。针对不同培育对象科学设置培训的模块和内容，强化了专业职业素养、农业市场经营管理、农业质量安全保障、农业产品的推广销售和农业相关的政策法规等方面的一般性理论培训。始终坚持把打造"爱国、敬业、诚信、协作"的新型农民作为培训的一个重要目标。在对不同发展方向的农民培训上实现"因材施教"，将着重生产管理与市场营销知识传授的生产经营型职业农民与侧重于实际操作技能提升的专业技能和社会服务型农民分开，保障了理论知识的传授。

（2）实际需要得到满足。培训机构根据农时季节和学员实际情况，采取

了分段式、重实训、参与式培训模式，创新培训方式方法，控制培训班人数，做好培训时间和进度安排，提升农民参训的积极性。加强培训师资队伍建设，完善了培训师资结构，打造出了一支由大专院校、科研院所专家教授、农技推广骨干以及"土专家""田秀才"等组成的，既有扎实理论基础，又有丰富的农业经验的稳定专、兼职师资队伍，推选出了若干精品课程、骨干教师。根据产业发展，选择了一批示范带动效果好、直观性强、影响力大的农业生态示范园（区）、农业产业化龙头企业、优秀合作社、家庭农场、农民创业园，作为学员稳定的实习实训和创业基地，探索创建了若干个新型职业农民创业孵化基地。满足了农民的实际需要，为新型职业农民的发展奠定了坚实基础。

四、完善新型职业农民培育服务机制

恩施州按照一个完整农业生产周期或者产业链的需要开展跟踪服务，一方面建立了稳定的跟踪服务导师团队，加强了学员培训后的跟踪服务和指导，结合农时季节以及学员实际需求，定期和不定期开展技术、信息、法律、政策等跟踪服务，帮助学员解决创业兴业中遇到的困难和问题。另一方面依托农技推广体系，为学员提供经常性的技术指导、咨询和服务。利用信息化手段，为学员提供远程学习、信息推送、沟通交流等服务，建立了学员跟踪服务平台，以班级为单位，建立信息交流群，搭建学员交流平台和跟踪服务平台，解决参训农民在理论学习与实际操作结合中存在的问题。优先将新型职业农民纳入基层农技推广体系改革与建设项目科技示范户，结合恩施州当地实际，积极为农民与农业龙头企业、农民专业合作社、休闲农业示范企业、农业科技示范园区对接牵线搭桥，搭建跟踪服务导师与学员、学员与学员间的沟通交流平台，建立了定期回访和不定期走访制度。做好跟踪服务记录，健全跟踪服务档案管理。确保参训学员问有所答、疑有所解。

五、强化新型职业农民的创新创业引导

积极争取当地党委政府的重视和支持，结合恩施州产业发展和农民的实际需求，出台有针对性的扶持政策，为农民土地流转、投融资、担保、质押等服务提供政策的支持。加强与金融机构的合作，为农民提供低息、贴息贷款以及方便、高效的综合金融服务。通过建立利益导向机制，引导农民爱农务农，增强了农民的职业荣誉感和归属感。始终坚持政府推动、政策扶持、农民主体、社会支持相结合的原则，引导了农村能人、返乡农民工、退役军人和大学生等群体立足农村创业兴业。建立农民创业创新政策、技术、信息、法律等服务平台，完善农民创业创新服务体系。依托优秀农业龙头企业、合作社等新型农业生产经营主体，通过校企合作、产学研相结合的方式，探索创建了农民创业孵化基地。会同教育、团委等部门，共同完善了青年农民、返乡创业大学生等青年职业农民的申报、遴选、培育等工作，扎实推进了新型职业农民培养计划。鼓励新型职业农民发展新业态、新技术、新产品，依靠互联网和信息技术的发展，大力促进"互联网＋"和电子商务，引导新型职业农民与电商企业对接，扩宽新的营销渠道。聚焦支持青年农民创业兴业，着力培养一支素质高、懂技术、善经营、负责任的青年新型职业农民骨干队伍。

第二节　恩施州新型职业农民培育的模式经验

新型职业农民是农业农村发展的骨干力量。加强新型职业农民培育建设，是农业农村人才工作的重点任务，是实施人才振兴战略的关键环节。恩施州

在新型职业农民培育方面做出了积极的探索和实践，形成了一些独具特色、切实可行的实践经验，即恩施"463"模式。①

一、落实"四个到位"，加强组织领导

1. 坚持分工到位，实施分级管理制度

坚持分工负责，分级管理。恩施州农业农村局负责总体统筹协调工作，前期制定项目实施方案，协调相关单位组建专家服务团队、协助制定教学方案、选聘教师、遴选学员、教学组织管理、参与跟踪服务等工作。实施过程中做好组织和督办工作，加强项目的管理与验收，将项目日常管理工作、项目资金管理与使用、信息宣传与绩效考评挂钩；协助、监督培训基地教学管理；其他部门主要负责协助市农业农村局制定工作方案；按职业和技能负责农业专业合作社负责人培训班、畜牧产业发展带头人培训班、药材发展带头人培训班的师资邀请、学员遴选、课程设置、实训实习场地遴选、现场引导、培训监督管理工；各指定培训机构负责培训班的教学计划和教学内容的实施，并做好后期的追踪服务工作。

2. 坚持监管到位，实现执行培训监督相分离

恩施州农业农村局专门成立新型职业农民培育工作专班，严格执行管理、培训、监督三者分离的工作机制。按照"谁承担、谁负责"的原则，明确各自责任，分阶段实施，抓好新型职业农民项目实施和监管工作。开班前，承担培训任务的培训机构必须向恩施州农业农村局科教科提交开班申请，经审批后方能正式开班；开班时，恩施州农业农村局新型职业农民培育专班、科教科、计财科、纪委要派驻农业农村局纪检组分管领导或工作人员亲自到场

---

① 恩施州 2018 年新型职业农民培育工作总结 ［R］. 恩施州农业农村局，2019.

清点人数，核实学员身份；培训过程中，新型职业农民培育专班、恩施州农业农村局科教科、相关协办单位要全程监督培训，确保培训人员数量符合实际、培训时长符合要求、培训质量保障到位；培训结束后，由恩施州农业农村局组织新型职业农民培育专班对每个培训班进行验收，严格按照验收标准逐项核查，验收合格后出具验收报告；项目资金监管方面，做到先审计后报账，主动邀请审计部门对每个班次资金使用情况进行财务审计，审计合格的方可报账，对不按项目实施方案开支的资金坚决不予报销。

3. 坚持宣传到位，做好跟踪服务工作

在项目实施过程中，分环节注重做好项目的宣传工作。在培训招生前，着重宣传新型职业农民培训的重要性和必要性，组织各相关单位进行招生摸底调查，确保宣传工作落实到位，在培育学员中树立好口碑，通过口耳相传，自发对外谈论培训后的收获的方式，加大对培训内容的宣传力度，形成希望加入培训、积极参与培训的良好氛围；在培训过程中，充分利用电视、微信、互联网、报纸等媒体，加大对培育工作和典型学员的宣传力度，通过中国农村远程教育网、省农业厅、市局网站等国家、省市网站上发表宣传稿增强特色产业带头人培训班工作的认知度；在培训完成后，要继续做好跟踪服务，注重从总结培训经验、学员培训成效和发展创新理念等方面进行宣传，为下一次培训工作传授经验。

4. 坚持服务到位，营造舒心学习环境

恩施州新型职业农民培训始终将"营造一个安心学习、舒心学习的良好环境，让参训学员能毫无顾虑地学习"作为培训服务工作的目标，在农业农村局的带领下，强化培训工作的全程管理，搞好培训服务，提前联系培训基地，建立健全生活、学习、课外活动、饮食安全、防火防盗及其他意外事项的安全管理规章制度，确保学员在培训期间无任何责任事故发生，全身心投入培训学习。培训经费从恩施州农业农村局新型职业农民培育项目经费中支出，学员往返交通费用按汽车发票进行定额补助，免去学员的后顾之忧。通过细致周到的生活服务，真正为农民着想的行为，推进了新型职业农民培训工作的实施。

二、强化"六个环节"，提升培育质效

1. 领导高度重视，强化培训保障机制

一是按照相关培训的需要，出台相应的文件，由恩施州农业农村局统筹协调安排，组织举办新型职业农民培育－特色产业带头人培训班，并且纳入各县市政府重点工作项目清单中，强化培训的落实。二是恩施州州委、州政府高度重视培训班工作，州政府领导亲自指导培训工作，反复研讨，拿出最佳方案，在课程设置、培训模式等方面作出部署，并多次莅临系列培训班作专题讲座。三是恩施州农业农村局精心组织安排新型职业农民培训，组成新型职业农民培育工作专班，注重培训实效、项目监督，确保将培育工作效益发挥到最大程度。

2. 强化培训对象遴选，努力确保培训质量

将整体产业带动能力强、发展潜力大、学习积极性较高作为参训学员的遴选标准。实施上优先选择恩施州域内发展势头好、潜力大、产业带动能力强、学习意愿强的种养大户、家庭农场主、合作社骨干成员、企业负责人等作为培育对象。将发展农业"接班人"，推进现代农业生产经营主体快速形成、"有人种地"作为特色产业带头人培训班遴选学员的目标，注重培育发展职业农民新生代。确保新型职业农民培训的质量得到提升，新型职业农民培训工作得到落实。

3. 优配师资队伍，着力提升培训效率

从农民的实际需求出发配备强有力新型职业农民培育师资队伍，确保每

个专业都有"精品课"，每堂课都有"含金量"，使农民反响强烈，兴趣高涨。首先，注重师资队伍的知名度的打造。从中国工程院、中国农业科学院、华中农业大学、华南农业大学等知名科研机构与高校，聘请专家教授担任授课教师，强化师资队伍。其次，注重理论与实践相结合的"全能型"师资队伍的打造。从新型职业农民培育师资库及各行业部门，根据培训教师满意度测评、授课内容、授课形式等方面，择优选择既具有丰富理论知识又有实践经验的专家担任授课教师。最后，建设多类型师资队伍，除打造培育全职型师资队伍外，还要高起点选择、高标准配备长期服务在生产一线农业专家、农业领军人才和乡土专家做兼职教师，确保参训学员在理论或者实践上遇到的问题能够随时得到解决。

4. 优化培训课程，着力提升培训实效

首先，紧跟"潮流"，注重"接地气"的培养课程设置。将特色产业发展方向、农产品质量安全、特色产业发展主题讨论等课程作为必修课程设置，提升参训学员大局意识、绿色发展意识，提高参训学员的专业职业素养。其次，及时利用反馈信息进行课程的调整与优化。根据区域特色产业发展需要以及学员的反馈信息来调整课程，对于反馈信息好的课程根据新的经济发展形势和产业发展的新要求在内容上进行更新和丰富，对于学员反馈不好的课程及时予以更换。从提升学员农业发展理念、理论水平、专业技能、经营管理能力出发，精心组织，合理制订并编排各项教学计划和课程。开设农民专业合作社规范创建与运营、农民专业合作社财务管理、农村经营体制改革等课程，让农民专业合作负责人培训班的学员真正了解合作社的创建与经营管理；开设土壤肥料新形势和新技术、品牌效应、农村电子商务等课程，让农民家庭农场主（种养大户）培训班的参训学员学习怎样提升农产品产销，提高品牌意识；开设本地特色养殖业存在的问题及解决办法专题讨论，应对部分畜牧市场低迷的措施、疫病防控、养殖规划设计等课程让畜牧产业带头人培训班的参训学员，加强对本地特色养殖业的重视，提升应对市场风险和疫病侵害的能力，提高相关带头人的养殖规划能力等；开设新环境下茶企的发展之路等课程，让茶产业发展高级研修班的参训学员紧抓当前茶业发展趋势发展茶产业。

5. 创新培训方式，提高学员培训积极性

首先，注重教育教学方式方法的创新，从理论培训、实地参观、考试考核以及跟踪服务四个方面采用分段式培训，在有限的培训时间内取得最大培训质效。其次，按照农民参训需求和学习特点，强化课程设计的针对性、实用性、趣味性，最大程度地提高新型职业农民培育对象参与的积极性和主动性。最后，结合农民生产生活实际，坚持"方便农民""就地就近"便利培训，保证学员能学习恩施州范围内本地龙头企业发展方式，学习真正适合本地发展的特色产业发展道路。

6. 建立健全管理机制，保障培训有效实施

首先，管理实行实名制。档案管理做到"一班一档""一人一档"，教学采用小班模式，每班60人左右，使班级与参训学员信息及时录入新型职业农民培育管理系统，能够得到标准化、科学化的管理。其次，建立"双班主任"和"技术指导员"制。由培训班责任单位和培训机构各指定一人跟班服务，形成"双班主任"，对教学班的真实性和合规性进行负责，加强项目的督导、教学管理、跟踪服务等工作；技术指导员主要负责实践教学和跟踪服务，一方面确保培训后续服务有效进行、服务的内容、效果和时间都有据可查，另一方面组织指导学员运用一系列现代化手段及时对培训机构的教学安排和后勤管理、教师授课效果和跟踪服务等情况进行综合测评，进一步促进教学的改革和培训工作的改进。最后，加强网络化管理的应用。一方面利用农民网络书屋等一系列网络平台，建立新型职业农民网络课堂，组织农民参

加在线学习，打破新型职业农民培训空间上的障碍；另一方面利用信息化手段，全程跟踪服务农民产业发展，提升对新型职业农民培训的质量。

三、强化"三个结合"，打造培育特色

1. 强化新型职业农民培育与地方特色产业发展相结合

特色产业带头人培训班是着重发展恩施州特色产业的重要手段，与农业专业合作社规范化建设和家庭农场的发展相辅相成，在平台建设上，以茶叶、蔬菜、畜牧、药材等特色农业产业为重点，搭建交流沟通平台，为特色产业增长极的打造奠定基础；在人才建设上，将具有丰富理论知识与实践经验的知名专家教授、农业领军人、乡土专家等与恩施州思想进步的新型职业农民联系起来，在实践中寻求创新，大大提升恩施州特色产业发展势头；在产业发展上，充分利用自身优势，打造特色增长极，茶产业是恩施州的主导产业之一，更是恩施州委、州政府提出的七大产业链之一，蔬菜、药材等均是恩施州农业特色产业，具有发展比较优势，围绕产业发展开展培训，为把恩施州建成全省特色产业发展增长极打下坚实基础。

2. 强化新型职业农民培育与产业示范基地建设相结合

利用"基地+""特色+"等模式，通过实地参观、观摩学习的方式加强技术交流，明确产业发展方向，提升培训班培训实效，使参训学员记忆深刻。各特色产业带头人培训班积极组织学员前往示范基地、示范企业、示范合作社进行技术交流，观摩学习示范地专业生产、管理、营销技术；农民专业合作社负责人培训班观摩学习省级示范社建设、管理、运营等相关实践知识；药材产业带头人培训班观摩学习华中药用植物园的中药材种植种类、种植方式等专业知识等。

3. 强化新型职业农民培育与现代信息化服务手段相结合

一是搭建信息技术服务桥梁，采用创建现代信息化交流服务平台的方式，

搭建起专家与学员、指导员与学员、学员与学员之间的多项信息交流平台。及时在群里公布相关农业政策、农业信息、特色产品生产措施、病虫害防治技术及阶段要求,全天候、不间断地为学员提供创业信息和各项服务。二是充分依托互联网络,结合云上智农平台,建设新型职业农民网络课堂,组织农民参加在线学习。

第三节　恩施州新型职业农民培育的主要问题

恩施州新型职业农民培育始终坚持以培养高素质的现代农业从业人员为目标,力争进一步提高新型职业农民培育工作的针对性、规范性、有效性,努力培养一支有文化、懂技术、善经营、会管理的高素质的新型职业农民队伍,经过几年的探索和实践,取得了显著的成效,但也存在一些不可忽视的问题。

一、新型职业农民培训保障经费不足

根据省农业厅办公室《关于做好 2018 年新型职业农民培育工作的通知》等文件精神,专业技能型、专业服务型培训累计时长不少于 7 天,跟踪服务不得少于一年(或一个生产周期),但拨款经费仅仅按照每人不超过 1200 元的标准进行补助,这些资金中用于培训教材费、教师费、参训学员费、其他费用(包括跟踪服务)等耗费比较高,如果严格按照方案实施的标准实施,培育经费相对比较紧张,很少有闲置资金用于优化教学环境等其他提升学员幸福感的工作,将直接或者间接影响培训质量,培训实效得不到更大的发挥。

二、新型职业农民培养力度相对较弱

从培训质量来看，一方面实际参与培训人员少，通过近几年的培训数据比较，可以发现参加培训的农民只占很小的比例，还有很多农民没有参加过培训。另一方面参与培训的人员知识掌握不牢固。一部分农业从业人员虽然参加了培训学习，但是由于培训时间短、培训内容不全面等原因，掌握的实用技能知识不牢固。从培训对象来看，培训人员的文化水平普遍不高，而且主要以所学专业与所从事的工作所需专业不一致的高中、职中毕业者为主。从培训的结果来看，一方面参训人员以"半路出家"和在务工中学习经验技术为主，所学专业知识不系统不精通，另一方面即使经过新型职业农民培育培训，也因学习时间较短，知识内容有限等因素制约，而不符合"人才"的称谓要求。

三、新型职业农民培育师资力量薄弱

一是"全能型"教师缺乏，培训教师多由本地职业院校教师担任，虽在理论方面有较深的研究，但在实践方面略有欠缺，不能将先进理论与实际操作技术相结合，存在一定"短板"。二是"全职型"教师缺乏，在理论研究与实际专业技术相结合的教授中，有很好效果的"全职型"教师较少，这类教师大多由科研院所专业技术人才担任的情况较多，但这样的老师由于自身相应的本职业务工作，时常与教学时间冲突，师资队伍建设不能充分保障与培训计划契合。三是教师聘请手续复杂，聘请有更多先进理论和专业技术的外地专家教授担任培训教师有一定难度，主要体现在教师聘请信息渠道较少、培训时间不契合、聘请手续相对复杂等，这些问题的解决就需要建立本地师资队伍，有计划地进行师资培训，组织观摩学习外地先进思想和适宜本地发展的专业技术。

四、新型职业农民培训基地建设滞后

现有的新型职业农民培育基地存在一定短板，主要是在交通、师资、食宿等基础设施方面存在的问题较大，难以大规模开展高效便捷的教育培训，从而在一定程度上影响了新型职业农民培训计划实施。按照省农业厅办公室《关于做好 2018 年新型职业农民培育工作的通知》文件精神，需要增加新型职业农民培育项目培训基地认定，扩大培训基地的选择范围，让培训计划实施能够更加有序地进行。

第四节　恩施州新型职业农民培育的保障机制

按照"科教兴农、人才强农、新型职业农民固农"的部署，坚持"政府主导、农民自愿、立足产业、突出重点、分类培训、精准扶贫"的原则，以培养高素质的现代农业从业人员为目标，进一步提高新型职业农民培育工作的针对性、规范性、有效性，培养一支"有文化、懂技术、会经营"的高素质新型职业农民队伍，为推动恩施州现代农业发展及乡村振兴战略的有效实施提供强有力的人才支撑。

一、健全完善培育体系，加大培养力度

首先，精准培育，围绕农业产业急需的特色种养技术、动植物疫病防控、电子商务等领域，通过新型职业农民培育，有针对性地开展相关专业知识培训，提高相关技术与能力，强化特色新型职业农民的打造，形成新的特色产

业增长极。其次，扩大培养人群，加大对新型职业农民培训对象的遴选工作，通过高职扩招等一系列政策让更多人有机会到大中专院校去学习，提高农业综合素质和技能水平，培育一批"懂农业、爱农村、爱农民"的青年农村实用型人才，保障农村经济的持续性发展。最后，健全完善培育体系，政府和有关部门要不断完善政策制度，创新教育培训理念、内容与方式，着力健全教育培训体系，在培训前加强各方面工作部署，每个环节精准安排；在培训中严格落实，确保培训质量；培训后做到动态追踪管理，确保工作落到实处，精准培育新型职业农民。

二、优化农村工作环境，发挥带动作用

优化新型职业农民创业就业环境。做到政策上有所倾斜，在产业扶持、人才奖励激励等政策上向新型职业农民倾斜，使新型职业农民的发展更有前景，不断激发农村人才活力，踊跃投入新型职业农民的打造；产业上"开放"，加大一二三产业融合发展，不断凸显特色产业，不断打造新的特色产业，为各类新型职业农民提供就业机会，吸引更多有知识、懂技术、会管理的年轻人来施展才华，用事业留人；思想上"肯定"，要肯定新型职业农民的作用，做到让每个大村有一名农民技术人员，要肯定新型职业农民的工作，组织开展新型职业农民人才评优表彰大会，积极宣传和表彰在"三农"工作中做出较大贡献的新型职业农民，提高新型职业农民的积极性；行为上"创新"，提高科技创新能力和成果转化应用能力，推动农业技术创新，加强农业生产加工技术研发，通过研发新技术来提高农产品产量和品质，降低生产加工成本，实现提质增效的目标。

三、建立专业师资队伍，保障培训质量

拥有一批职业理论素养较高、专业技术较强的能进行统一管理的专业教师队伍是培育新型职业农民的关键。在这些专业教师的打造上，一是要由相关专业部门进行统一管理，编录相应的教师档案；二是扩大教师来源，根据专业技术掌握、理论知识的运用来选择教师，其来源可以是公务员，也可以是专业技术干部，还可以是企业人员和农民；三是打破职称的限制，要允许兼职教师评定职称，但这些兼职教师的"新型职业农民专业教师"职称不与单位人事工资待遇挂钩，而是与为学员授课的时长、内容、评价及效果挂钩，这样既能提高兼职教师的积极性，也能保证兼职教师的授课质量。在培训质量的保障上，加强对培训队伍的监督指导，保障培训质量。按照"谁承担、谁负责"的原则，督促恩施州农业农村局发挥监管作用，组建项目日常检查小组，采用现场观摩、查阅档案、走访学员、电话抽查等方式进行日常检查和督导，不断创新更多的方式来加强日常监督，及时做好季度总结，做好典型树立。

四、推进培训基地遴选，推动项目实施

在恩施州范围内通过公开遴选的方式，新增一批依托科研单位、涉农院校、农业企业、农民合作组织等具有法人资格和培训资质的机构，作为恩施州新型职业农民培育基地具体承担新型职业农民培育项目。不断强化新型职业农民教育培训，提升实习实训、创业孵化、跟踪服务等工作质量水平，更好地服务恩施州特色农业、绿色农业、现代农业发展，助力精准扶贫、精准脱贫，促进乡村振兴的发展。加强教育培训基地分级、分类管理，加强项目实施，助推精准扶贫。将技术服务落实到位，开展技术到田到户，组织行业单位专家、技术指导员和特聘农技员，在关键季节、重要农时和农业开展的重要环节，按照产业需求、采取进村入户、送教上门、田间办班等方式，开展技术实践指导，使新型职业农民真正地将课堂上的理论知识转化为实际生产力，运用到生活生产中，做到学以致用，提高生产质量和水平。

五、着力培植示范典型，抓好跟踪服务

首先，调动农民积极性，创新发展理念，坚持绿色发展，结合"万众创新，大众创业"等带来的机遇，挑选出一批优秀代表，加以宣传，激发争做新型职业农民的热情。其次，要从恩施州农业农村发展的实际出发，注重文化效应，从特色产业发展入手，保留和发展恩施州的传统优势特色产业，做强一二三产业，推动一二三产业的深度融合发展，多方引导恩施州新型职业农民充分发挥主观能动性。最后，要抓好跟踪服务，保障技术入户。要将全部新型职业农民纳入后续跟踪服务体制中，建立跟踪服务对象档案，做好跟踪服务方案，建立完善长期有效的跟踪服务体制；要采取分派专家、定点服务等多种形式对部分种养规模大、发展势头足、技术力量薄弱的职业农民进行培训。对部分产业相同、技术服务要求相同的需求，采用综合服务方法，提高新型职业农民培训的质量和认可程度。

六、着力出台人才政策，强化人才激励

采取多种方式加大人才的培养，积极深入恩施州农村，选拔培养出优秀新型职业农民，要改变传统思维，接受脱产大专学历的教育，为新型职业农民培育储备资源。摸清楚、弄透彻新型职业农民培育工作的现状与重难点，把新型职业农民培育工作纳入重要的议事、办事日程。通过院地、院企合作方式，聘请湖北省农科院、华中农业大学、中南民族大学等科研和高校单位的专家教授，为解决恩施州农业瓶颈问题，加快科技试验示范和成果转化应用，引领农业发展献计献策。强化人才激励保障措施，积极为新型职业农民培育发展创业提供资金、技术、项目、政策等保障服务，要为积极创新创业

的新型农民提供更多的机会，要让已经取得了一定成就的新型农民得到大家的认可。要组织推荐具备条件、"双带"本领明显、得到群众公认的新型职业农民参加国家、省、州举办的"双新双创"大赛活动。设立帮扶基金，鼓励新型职业农民领办、创办实体和农村经济合作组织。同时积极发挥乡镇农业技术服务中心的示范、带动作用，开通12316信息进村入户"服务热线"，为新型职业农民培育免费提供技术指导和服务。

第五节　恩施州新型职业农民培育的绩效评价

新型职业农民培育是一项公益性、基础性、长期性、惠民性的培育工程。近年来，恩施州始终坚持按照"科教兴农、人才强农、新型职业农民固农"的战略要求，以造就高素质新型农业经营主体为目标，以服务恩施州现代农业产业发展和促进农业从业者职业化转型为导向，立足于恩施州实际，着力培养一大批有文化、懂技术、善经营、会管理的新型职业农民队伍，为恩施州农业现代化提供强有力的人力保障和智力支撑。经过几年的培育，恩施州新型职业农民培育成效究竟如何？是否达到了预期的目标？亟待通过专业的绩效评估与实证检验。

一、恩施州新型职业农民培育绩效评价基本思路

根据《农业农村部办公厅关于做好2018年新型职业农民培育工作的通知》（农办科〔2018〕17号）、《湖北省农业厅办公室关于印发2018年湖北省新型职业农民培训规范的通知》（鄂农办发〔2018〕35号）的要求，准确

把握乡村振兴战略新要求，聚焦乡村振兴战略实施人才需求实际，紧紧围绕农业供给侧结构性改革和现代农业发展的总体要求，结合现代农业发展新型农业经营主体壮大的需要，以培养高素质的现代农业从业人员为目标，进一步提高新型职业农民培育工作的针对性、规范性、有效性，科学构建恩施州新型职业农民培育绩效评价指标体系，通过评价模型对恩施州新型职业农民培育成效进行科学评价与实证分析，"以评促建、以评促改"，实现新型职业农民培育的动态监测和实证检验，推动新型职业农民培育的政策调适与制度重塑。

二、恩施州新型职业农民培育绩效评价指标体系

以按照"科教兴农、人才强农、新型职业农民固农"的战略部署，坚持"政府主导、农民自愿、立足产业、突出重点、分类培训、精准扶贫"的原则，以新型职业农民培育对象满意度为核心指标要素，以第三方考核为主要的绩效评价方式，按照《农业农村部办公厅关于做好 2018 年新型职业农民培育工作的通知》（农办科〔2018〕17 号）中关于《全国新型职业农民培育工作绩效考核指标体系（试行）》（见表 6 - 1）的具体细则要求（该指标体系是全国的绩效评价指标，在绩效评价过程中还需要进行筛选，有些指标主要是针对省级部门的考核指标，在地方层面的考核中可以忽略），对恩施州新型职业农民培育工作进行全面的、动态的、多维的绩效考核。

表 6 - 1 《全国新型职业农民培育工作绩效考核指标体系（试行）》

一级指标	二级指标	分值	考核内容及评分标准	考核依据	考核得分
一、工作落实（50 分）	①工作方案	8	在省级农业发展资金方案中，能思路清晰、内容全面地表述新型职业农民培育工作的得 8 分，方案不全面、不规范、存在问题的扣分，扣完为止	方案	

续表

一级指标	二级指标	分值	考核内容及评分标准	考核依据	考核得分
一、工作落实（50分）	②工作部署	10	召开专题会议部署相关工作、细化工作要求，满分4分；省级有明确分类、分级、分层培训要求得3分（省级考核指标）；省、市、县分类分级开展培训得3分	会议通知、材料、文件、台账等	
	③制度体系建设	12	以省委省政府名义出台专门文件或规划（含往年出台的）得1.5分（省级考核指标）；新型职业农民培育工作纳入本省乡村振兴战略规划或其他规划得0.5分（省级考核指标）；省级建立"教育培训、规范管理、政策扶持"三位一体的制度体系得2分（省级考核指标）；省级建立"一主多元"教育培训体系得2分（省级考核指标）；建立各类资源有序参与培育机制得2分；明确认定工作要求得2分；按项目示范县统计，全部开展认定工作并将认定人员入库得2分，否则按比例扣分，扣满2分为止	文件、材料、数据库	
	④工作创新	10	在培育机制模式、信息化建设、跟踪服务、政策扶持、搭建交流平台等方面有重大突破和创新的，每项得2分，得满为止	文件、领导讲话、总结材料等	
	⑤基础工作	10	合理遴选培训机构，得2分；分层、分类建设实训基地、创业孵化基地、农民田间学校等基地，得2分；规范教材选用程序，优先选用部省规划教材，得2分；加强师资队伍建设，积极开展师资登记入库，得2分；按要求报送相关材料，按时报送得2分，未及时报送的，酌情扣分	数据库、台账、文件、资料、报送时间	
二、工作效果（50分）	⑥信息查询	10	通过全国农业科教云平台、"云上智农"APP可查询在线组班、授课教师、课程设置、选用的基地及学员评价情况，每可查一项得2分，最高得10分	数据库	
	⑦满意度评价	25	通过全国农业科教云平台、"云上智农"APP完成在线评价的学员比例在80%以上得10分，学员综合满意度（学员对培训效果、组织管理、师资、基地等评价打分的均值）在80%以上得15分。未达到的按比例扣分，每少10%，扣2分	数据库	

续表

一级 指标	二级 指标	分值	考核内容及评分标准	考核依据	考核 得分
二、工作 效果 (50分)	⑧宣传 工作	15	在中央主要媒体刊播综合性报道1篇（条）得5分、简讯类1篇（条）得1分，在省报头版头条刊或省级新闻联播播出综合性报道1篇（条）得2分、简讯类1篇（条）得0.5分。在农业农村部网站或司局简报刊载1篇得0.5分，在中国农村远程教育网站等发布综合性报道2篇得0.5分，得满5分为止	文件、截图、出版物等证明材料等	
三、加分、扣分和一票否决	⑨社会 影响	5	本年度内，省委书记、省长批示、专门讲话或参加活动的得2分（省级考核指标）；分管省领导批示、专门讲话或参加活动的得1分（省级考核指标）；农业厅厅长专门批示、讲话得0.5分；因新型职业农民培育工作受到国务院表彰得1分；部委、省委省政府表扬得0.5分；部委司局、省直部门表扬或作为典型经验进行交流得0.5分；本年度承担全国性会议、论坛等活动得1分。累计得满5分为止	文件、证明材料等	
	⑩加 分项	4	通过全国农业科教云平台、"云上智农"APP完成在线评价的学员比例超过90%的，按比例加分，加满2分为止；学员综合满意度（学员对班级组织、师资、基地等评价的均值）超过90%的，按比例加分，加满2分为止	数据库	
	⑪未完 成任务		未完成农业生产发展资金文件清单中涉及的任务的，按比例扣分，每少完成10%扣1分	数据库	
	⑫违规 违纪		存在违规违纪行为，群众举报或新闻媒体曝光经查实的，每起扣10分；出现性质恶劣、影响较大，严重损害工程项目社会形象的事件，实行一票否决，总体评分为0	报纸、视频、截屏等	
最终得分					

资料来源：《农业农村部办公厅关于做好2018年新型职业农民培育工作的通知》。

三、健全恩施州新型职业农民培育绩效评价机制

坚持以《农业农村部办公厅关于做好 2018 年新型职业农民培育工作的通知》（农办科〔2018〕17 号）为指导，以《全国新型职业农民培育工作绩效考核指标体系（试行）》为考核指标体系，立足于恩施州新型职业农民培育工作的具体实际，建立多维的、动态的恩施州新型职业农民培育绩效考核新机制，推动恩施州各级党委政府把培育新型职业农民纳入地方乡村振兴的总体部署中予以考虑，给予高度的重视，并且层层夯实责任，逐步建立多维的、动态的新型职业农民培育绩效考核机制，积极推动新型职业农民培育工作纳入地方政府乡村振兴工作的重要内容，并且主动邀请高等院校、科研院所等专业的机构开展第三方绩效考核评估，进一步地查漏补缺、督促整改，真正做到"以评促建、以评促改"，建立健全恩施州新型职业农民培育的网络考评制度，依托科教云平台，面向所有学员、班次、教师、基地实行线上用户对象的全面动态考评，不断健全恩施州新型职业农民培育绩效评价机制。

四、完善恩施州新型职业农民培育跟踪服务机制

对恩施州全部新型职业农民纳入后续跟踪服务体制中，做好跟踪服务方案，建立长期有效的跟踪服务体制，切实加强恩施州新型职业农民培育学员培训后的跟踪服务和指导，以此来推动农技推广，为学员提供经常性的技术指导、咨询和服务。利用信息化手段，建立学员跟踪服务平台，为学员提供远程学习、信息推送、沟通交流等服务。同时，可以以班级为单位，搭建学员交流平台和跟踪服务平台。确保参训学员问有所答、疑有所解。优先将新型职业农民纳入基层农技推广体系改革与建设项目科技示范户，结合当地实际，积极为农民与农业龙头企业、农民专业合作社、休闲农业示范企业、农

业科技示范园区对接牵线搭桥，搭建跟踪服务导师与学员、学员与学员间的沟通交流平台，建立定期回访和不定期走访制度，确保参训学员问有所答，疑有所解。做好跟踪服务记录，健全跟踪服务档案管理，不断完善恩施州新型职业农民培育跟踪服务机制，充分利用各种调查方式开展系统性的绩效测度与评价，系统性地对恩施州新型职业农民培育的效率、效果进行全方位、系统性、动态性的评估，实现新型职业农民培育的动态监测和实证检验，推动新型职业农民培育的政策调适与制度重塑。

第七章

结 束 语

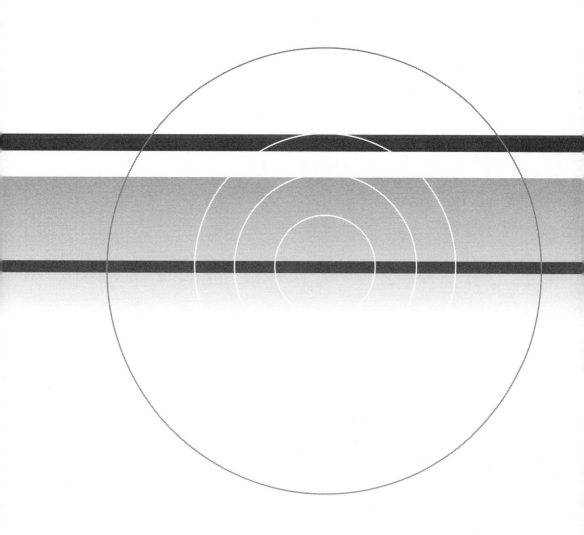

乡村振兴，关键在人。新型职业农民培育是乡村振兴中人才振兴的重要手段之一，是我国农业农村人才队伍建设的重要组成部分。坚持以习近平新时代中国特色社会主义思想为指导，全面贯彻党的十九大和十九届二中、三中、四中、五中全会精神，坚持和加强党对乡村人才工作的全面领导，坚持农业农村优先发展，坚持把新型职业农民培育放在乡村振兴工作的首要位置，大力培养本土的新型职业农民人才队伍，推动新型职业农民人才队伍切实服务乡村振兴事业，吸引本土的新型职业农民人才在乡村振兴中建功立业，健全乡村人才工作的体制机制，强化乡村振兴中关于人才振兴的保障机制和措施，培养造就一支"懂农业、爱农村、爱农民"的"三农"工作队伍，为全面推进乡村振兴、加快农业农村现代化提供有力的人才支撑。为深入贯彻落实习近平总书记关于推动乡村人才振兴的重要指示精神，促进新型职业农民人才投身乡村振兴的建设大潮并在乡村振兴中建功立业，本书对乡村振兴与新型职业农民培育的理论逻辑及实践模式进行了深入的探讨，现进行总结与展望。

第一节　研究总结

新型职业农民是农业农村人才中的骨干力量，加强新型职业农民培育建设，是农业农村人才工作的重点领域，是实施人才振兴战略的关键环节。本书立足于国家关注的重点问题——乡村振兴，以及社会关注的焦点问题——新型职业农民培育，开展了系统的理论研究和实践探索，总体来说，取得了较好的研究效果，达到了预期的研究目的，具体总结如下：

第一，阐述了乡村振兴与新型职业农民培育的提出背景、国内外发展趋势以及逻辑机理。剖析了"三农"问题日益凸显的背景，指出解决好"三农"问题成为全党工作的重中之重，实施乡村振兴战略被提上议程，而乡村振兴，关键在人，大力培育新型职业农民是乡村振兴的基础性工作。

第二，探讨了乡村振兴的现实需要。分析了乡村振兴的战略意义，提出了乡村振兴有利于逐步缩小城乡差距，有利于扩大农村发展空间，有利于巩固农业基础地位，有利于满足人民生活需求。剖析了乡村振兴的五大现实挑战，构建了乡村振兴的保障机制。

第三，恩施州乡村振兴的实践探索。分析了恩施州乡村振兴的基础条件，利用"SWOT"分析法从四个方面对恩施州乡村振兴的发展环境进行了深入分析，探讨了恩施州乡村振兴的五大实践路径。

第四，构建了恩施州乡村振兴的保障体系，即加强组织领导、创新制度供给、营造良好氛围、加强工作协调、保障项目落实。

第五，探讨了新型职业农民培育的现实需要。分析了新型职业农民的基本特征，评价了新型职业农民培育的战略意义，剖析了新型职业农民培育存在的部分现实问题。

第六，探索了新型职业农民培育的保障机制，即加强组织领导，扩大培育覆盖，加强宣传引导，加强队伍管理，强化资金管理，加强监管考核。

第七，梳理了新型职业农民培育的国内模式，即新型职业农民培育的"河北模式""宜昌模式""大理模式""玛纳斯模式""互助模式""大观模式""临沂模式"。同时，分析了发达国家新型职业农民培育的创新实践模式：美国模式、日韩模式、荷兰模式、德国模式。

第八，评述了新型职业农民培育的国内外实践模式。主要探讨了恩施州新型职业农民培育的"463"模式，即落实"四个到位"，注重"六个环节"，强化"三个结合"。同时，剖析了恩施州新型职业农民培育的主要问题，建立健全了恩施州新型职业农民培育的保障机制，提出了恩施州新型职业农民培育的战略选择。

综上所述，本书系统地回答了"谁来种地、如何种好地"等现实问题，破解了"三农"难题，推进了乡村振兴战略实施，做好了乡村振兴与巩固脱贫攻坚成果的有效衔接，有利于培养更多"爱农业、懂技术、善经营"的新型职业农民队伍。

第二节　研究展望

乡村人才振兴，关键在农民。新型职业农民培育是实施乡村人才振兴战略的重要手段和方式。本书通过对恩施州新型职业农民培育问题的具体探讨，在理论和实践方面都已取得了一定的成效和积淀，但不可否认，仍然存在一些需要完善的环节和内容。因此，进一步加强新型职业农民培育的理论与实践探索势在必行。

第一，始终坚持加强党对乡村人才工作的全面领导。始终坚持贯彻党管乡村人才的原则，各级党委要将乡村人才振兴作为实施乡村振兴战略的重要任务，建立党委统一领导、组织部门指导、党委农村工作部门统筹协调、相关部门分工负责的乡村人才振兴工作联席会议制度。把乡村人才振兴纳入人才工作目标责任制考核和乡村振兴实绩考核，引导优秀的新型职业农民人才向农村基层一线流动，着力打造一支能够担当乡村振兴使命的新型职业农民人才队伍。

第二，始终坚持新型职业农民培育的全面培养、分类施策。围绕全面推进乡村振兴需要，全方位提高新型职业农民培育的质量和数量，进一步扩大总量、提高质量、优化结构。尊重乡村发展规律和新型职业农民培育成长规律，针对不同地区，实施差别化新型职业农民培育政策措施。

第三，始终坚持新型职业农民培育的多元主体、分工配合。推动地方基层政府、农广校培训机构、企业等发挥各自优势，共同参与新型职业农民培育的大潮，就地、就近解决制约乡村人才振兴的根本问题，形成人才振兴工作的发展合力，协同推动新型职业农民培育工作。

第四，始终坚持完善新型职业农民培育的机制、强化保障。深化新型职业农民培育、管理、使用、流动、激励等制度改革，完善以新型职业农民培育为核心的人才服务激励机制，就地培养更多"爱农业、懂技术、善经营"的新型职业农民队伍，让新型职业农民成为乡村振兴的主力军和中坚力量。

第五，始终坚持完善新型职业农民培育实践模式的总结和推广。进一步加强对国内外新型职业农民培育实践模式的系统梳理和提炼总结，尤其是对恩施州已经形成的"463"模式体系进行深入的挖掘和完善，推动该模式在民族地区、贫困山区进行试验和试点，着力推动形成"可复制、能推广"的有效模式在更加广泛的范围进行实践和推广。

第六，始终坚持完善新型职业农民培育的绩效评价体系。通过建立健全新型职业农民培育的绩效评价考核体系，充分利用问卷调查、座谈、实地调查等调查方式开展系统性的绩效测度与评价，系统性地对新型职业农民培育的效率、效果进行全方位、系统性、动态性的评估，"以评促建、以评促改"，实现新型职业农民培育的动态监测和实证检验，推动新型职业农民培育的政策调适与制度重塑。

参考文献

［1］Ahearn M C. Potential Challenges for Beginning Farmers and Ranchers ［J］. Choices, 2011 (2): 10 – 17.

［2］Baharein K, Noor M, Dola K. Assessing Impact of Veterinary Training on Malaysian Farmers ［J］. Asia – Pacific Journal of Rural Development, 2010 (1): 33 – 50.

［3］Barbinov V. Vocational Training of Future Agricultural Specialists: European Experience ［J］. Comparative Professional Pedagogy, 2018 (2): 160 – 165.

［4］Bennell P. Vocational Education and Training in Tanzaania and Zimbabwe in the Context of Economic Reform, Department for International Development ［R］. Edueation Research Series 28, 1998.

［5］Evelyne K, Steven F. Voluntarism as an Investment in Human, Social and Financial Capital: Evidence from a Farmer – to – farmer Extension Program in Kenya ［J］. Agriculture and Human Values, 2014, 31 (2): 231 – 243.

［6］Garcia – Llorente M, Rossignoli C M, Di Lacovo F, Moruzzo R. Social Farming in the Promotion of Social – Ecological Sustainability in Rural and Periurban Areas [J] . Sustainability, 2016 (8): 1238.

[7] Gasperini L. From Agricultural to Education for Rural Development and Food Security: All for Education and Food for All [J] . United Nations Food & Agriculture Organization Rome, 2000 (10): 30 – 38.

[8] Kilpatrick S, Rosenblatt T. Information vs Training: Issues in Farmer Earning [J] . The Journal of Agricultural Education and Extension, 1998, 5 (1): 39 – 51.

[9] Knowles M S. The Modern Practice of Adult Education: From Dedagogy to Andragogy [M] . Chicago: Association Press, 1980.

[10] Kredenets N. Forming Social Partnership Policy in Vocational Training of Service Sector Specialists in Germany and Austria [J] . Comparative Professional Pedagogy, 2016 (4): 55 – 61.

[11] Kumar A, Kumar V A. Pedagogy in Higher Education of Agriculture [J] . Procedia – Social and Behavioral Sciences, 2014, 152 (9): 89 – 93.

[12] Lynch T, Jenkins B, Kilarr A. The Professional Farmer [J]. Australian Journal of Social Issues, 2001 (2): 125 – 126.

[13] Milone P, Ventura F. New Generation Farmers: Rediscovering the Peasantry [J] . Journal of Rural Studies, 2019, 65 (1): 43 – 52.

[14] Morais L. Spicing Up a 150 – Year – Old Porcelain Factory: Art, Localism and Transnationalism in Arita's Happy Lucky Kiln [J] . International Journal of Japanese Sociology, 2019 (4): 52 – 73.

[15] Myrdal G. Asian Drama: An Inquiry into the Poverty of Nations [M]. New York: Pantheon, 1968.

[16] Rudel T K. Did Growing Rural Poverty and a Disruptive Climate Spur an

Expansion in Rural Sociology? A Comparative Historical Analysis［J］. Rural Sociology，2018，83（3）：481－502.

［17］Schumacher E F. Small is Beautiful：A Study of Economics as If People Mattered［M］. New York：Random House，1993.

［18］Vancrowder L，Lindley W T，Doron N. Agricultura Education for Sustainable Rural［J］. Journal of Agricultural Education & Extension，1998，5（2）：71－84.

［19］Wallace L，Mantzou K，Taylor P. Policy Options for Agricultural Education and Training Insub－Saharan Africa：Report of a Preliminary Study and Literature Review［R］. AERDD Working Paper，1996.

［20］Wolf E. Peasants［M］. Englewood Cliffs：Prentice－Hall，1966.

［21］鲍玉琴等. 新疆玛纳斯县新型职业农民教育培养模式［J］. 新疆农业科技，2014（2）：48－49.

［22］陈池波，韩占兵. 农村空心化、农民荒与职业农民培育［J］. 中国地质大学学报（社会科学版），2013，13（1）：74－80，139.

［23］陈进. 让从事农业的农民真正"职业"起来［J］. 南方农村，2012（10）：18－21.

［24］陈景红. 乡村振兴战略下培育新型职业农民策略研究［J］. 广西社会科学，2018（10）：97－99.

［25］陈磊，钱星妤，宋丹丹. 我国新型职业农民培育模式研究［J］. 科技经济市场，2016（6）：113－114.

［26］陈美球，廖彩荣，刘桃菊. 乡村振兴、集体经济组织与土地使用制度创新——基于江西黄溪村的实践分析［J］. 南京农业大学学报（社会科学版），2018，18（2）：27－34.

［27］陈荣高．明天谁来种地——培育职业农民的思考［J］．中国农村教育，2012（10）：14－15.

［28］程斐，石兆良．偃师市新型职业农民培育模式探讨［J］．河南农业，2017（16）：13.

［29］董菁，毛艳飞，张良．乡村振兴战略视角下乡村旅游产业的优化升级研究［J］．农业经济，2018（9）：50－52.

［30］董亮亮．金砖国家职业农民培育比较研究［D］．保定：河北农业大学硕士学位论文，2014.

［31］［美］丹尼尔·科尔曼．生态政治：建设一个绿色社会［M］．梅俊杰译．上海：上海译文出版社，2006.

［32］范建华．乡村振兴战略的时代意义［J］．行政管理改革，2018（2）：16－21.

［33］范先佐．农村学校布局调整与新型职业农民培育问题研究［J］．中国农业教育，2018（1）：9－14，92.

［34］冯勇，刘志颐，吴瑞成．乡村振兴国际经验比较与启示——以日本、韩国、欧盟为例［J］．世界农业，2019（1）：80－85.

［35］［英］弗兰克·艾利思．农民经济学［M］．胡景北译．上海：上海人民出版社，2006.

［36］高德胜，李玲．培育新型职业农民的重要抓手［N］．经济日报，2020－06－23.

［37］高飞．农业农村现代化进程中新型职业农民培育问题研究［J］．河南农业，2017（23）：49－50.

［38］高杰，王蓄．精准瞄准分类培训按需供给——四川省新津县新型职业农民培训的探索与实践［J］．农村经济，2015（2）：109－113.

［39］龚丽兰，郑永君.培育"新乡贤"：乡村振兴内生主体基础的构建机制［J］.中国农村观察，2019（6）：59－76.

［40］郭红军.实施乡村振兴战略的重大现实意义［N］.光明日报，2018－07－13.

［41］郭晓鸣.乡村振兴战略的若干维度观察［J］.改革，2018（3）：54－61.

［42］韩长赋.新形势下推动"三农"发展的理论指南——深入学习领会习近平总书记"三农"思想［J］.农村工作通讯，2017（5）：5－7.

［43］何晓琼，钟祝.乡村振兴战略下新型职业农民培育政策支持研究［J］.中国职业技术教育，2018（3）：78－83.

［44］贺雪峰，田舒彦.资源下乡背景下城乡基层治理的四个命题［J］.社会科学研究，2020（6）：111－117.

［45］贺雪峰.村级治理的变迁、困境与出路［J］.思想战线，2020，46（4）：129－136.

［46］贺雪峰.给村干部一定的自主权——防范农村基层治理的"内卷化"危机［J］.人民论坛，2019（3）：54－55.

［47］贺雪峰.规则下乡与治理内卷化：农村基层治理的辩证法［J］.社会科学，2019（4）：64－70.

［48］贺雪峰.农民组织化与再造村社集体［J］.开放时代，2019（3）：186－196.

［49］贺雪峰.行政还是自治：村级治理向何处去［J］.华中农业大学学报（社会科学版），2019（6）：1－5.

［50］胡德华.新型职业农民培训工作存在的问题及其创新对策——以浙江省为例［J］.成人教育，2012（11）：85－88.

[51] 黄季焜，陈丘. 农村发展的国际经验及其对我国乡村振兴的启示 [J]. 农林经济管理学报，2019, 18 (6)：709 - 716.

[52] 黄少英. 城乡一体化背景下农村中等职业教育发展现状与策略 [J]. 甘肃农业，2012 (5)：37 - 39.

[53] 黄祖辉. 准确把握中国乡村振兴战略 [J]. 中国农村经济，2018 (4)：2 - 12.

[54] 霍军亮，吴春梅. 乡村振兴战略背景下农村基层党组织建设的困境与出路 [J]. 华中农业大学学报（社会科学版），2018 (3)：1 - 8.

[55] 霍军亮，吴春梅. 乡村振兴战略下农村基层党组织建设的理与路 [J]. 西北农林科技大学学报（社会科学版），2019, 19 (1)：69 - 77.

[56] 纪勤炜. 对加强新型农民培训的思考 [J]. 湖北经济学院学报，2013 (7)：16 - 17.

[57] 贾磊，刘增金，张莉侠，方志权，覃梦妮. 日本农村振兴的经验及对我国的启示 [J]. 农业现代化研究，2018, 39 (3)：359 - 368.

[58] 蒋和平. 实施乡村振兴战略及可借鉴发展模式 [J]. 农业经济与管理，2017 (6)：17 - 24.

[59] 蒋永甫，张东雁. 自主与嵌入：乡村振兴战略中基层党组织的行动策略 [J]. 长白学刊，2019 (1)：1 - 7.

[60] 蒋正翔，王斯敏，姚同伟. 新型职业农民和传统农户有何不同 [N]. 光明日报，2019 - 04 - 03.

[61] 焦淑明. 湖州市新型职业农民培育对策的研究 [D]. 杭州：浙江大学硕士学位论文，2014.

[62] 揭兴伟. 新型职业农民培育的"宜昌模式" [N]. 三峡日报，2020 - 08 - 29.

［63］金绍荣，张应良．农科教育变革与乡村人才振兴协同推进的逻辑与路径［J］．国家教育行政学院学报，2018（9）：77-82.

［64］金英，刘英芳，郑培泉，曹云，张研琼．构建新型职业农民培育模式的探索［J］．上海农村经济，2015（4）：4-7.

［65］经济日报评论员：加快转变农业发展方式［N］．经济日报，2014-12-18.

［66］康静萍，汪阳．中国新型职业农民短缺及其原因分析——基于安徽省寿县的调查［J］．当代经济研究，2015（4）：73-81.

［67］李凤芝．浅谈新形势下的新型职业农民培训工作［J］．吉林农业，2018（10）：94.

［68］李建仁．谈推动新型职业农民培育工作的方法和措施——以即墨实例［J］．现代农业，2017（10）：62-64.

［69］李桥兴．全域旅游和乡村振兴战略视域下广西阳朔县民宿业创新发展路径［J］．社会科学家，2019（9）：88-94.

［70］李思经，牛坤玉，钟钰．日本乡村振兴政策体系演变与借鉴［J］．世界农业，2018（11）：83-87.

［71］李毅，龚丁．日本和韩国农民职业教育对中国新型职业农民培育的启示［J］．农业经济问题，2019（6）：137-143.

［72］李玉恒，闫佳玉，宋传垚．乡村振兴与可持续发展——国际典型案例剖析及其启示［J］．地理研究，2019，38（3）：595-604.

［73］李正梅，周静璇．农业现代化与新型职业农民培育基于第二次农业普查数据［J］．中国集体经济，2015（30）：1-3.

［74］李志龙．乡村振兴-乡村旅游系统耦合机制与协调发展研究——以湖南凤凰县为例［J］．地理研究，2019，38（3）：643-654.

[75] 李周．乡村振兴战略的主要含义、实施策略和预期变化 [J]．求索，2018（2）：44-50.

[76] 廖军华．乡村振兴视域的传统村落保护与开发 [J]．改革，2018（4）：130-139.

[77] 林青．乡村振兴视域下的非物质文化遗产传承和发展研究 [J]．南京理工大学学报（社会科学版），2018，31（4）：32-37.

[78] 刘晨．青岛市农民培训需求及影响因素研究 [D]．青岛：中国海洋大学硕士学位论文，2014.

[79] 刘合光．乡村振兴的战略关键点及其路径 [J]．中国国情国力，2017（12）：35-37.

[80] 刘杰．新型职业农民，怎么培育怎样成长 [N]．光明日报，2019-02-12.

[81] 刘铭川，王晨宇，刘芷晴，李钰婷．新型职业农民科技培训中的问题与对策——基于湖南平江县的调查研究 [J]．作物研究，2016，30（2）：193-195.

[82] 刘升．嵌入性振兴：乡村振兴的一种路径——以贵州米村为研究对象 [J]．贵州大学学报（社会科学版），2018，36（3）：135-142.

[83] 刘松涛，罗炜琳，王林萍．日本"新农村建设"经验对我国实施乡村振兴战略的启示 [J]．农业经济，2018（12）：41-43.

[84] 刘勇，王凌春．培育新型职业农民：关键环节、现实困境与路径选择 [J]．沈阳农业大学学报（社会科学版），2014，16（5）：527-529.

[85] 刘志阳，李斌．乡村振兴视野下的农民工返乡创业模式研究 [J]．福建论坛（人文社会科学版），2017（12）：17-23.

[86] 柳一桥．德国农业职业教育对我国新型职业农民培育的启示 [J].

农业经济，2018（4）：64 - 66.

　　[87] 吕宾．乡村振兴视域下乡村文化重塑的必要性、困境与路径 [J]．求实，2019（2）：97 - 108.

　　[88] 吕敏莉，马建富．农业现代化背景下新型职业农民培训的问题及策略研究 [J]．中国职业技术教育，2015（4）：44 - 48.

　　[89] 罗敏．新型职业农民培育意义研究 [J]．北京农业，2014（9）：277 - 280.

　　[90] 马建富．新型职业农民培育的职业教育责任及行动策略 [J]．教育发展研究，2015，35（Z1）：73 - 79.

　　[91] 马建富，黄晓赟．新型职业农民职业教育培训社会支持体系的建构 [J]．职教论坛，2017（16）：19 - 25.

　　[92] 马永定，戴大新，张俊牯．乡贤及其组织在乡村治理中的作用研究——以绍兴市孙端镇村级乡贤参事会为例 [J]．绍兴文理学院学报（哲学社会科学版），2015，35（2）：36 - 40.

　　[93] 聂学东．河北省乡村振兴战略与乡村旅游发展计划耦合研究 [J]．中国农业资源与区划，2019，40（7）：53 - 57.

　　[94] 牛胜强．乡村振兴背景下深度贫困地区产业扶贫困境及发展思路 [J]．理论月刊，2019（10）：124 - 131.

　　[95] 牛亚丽．新型职业农民培育的困境与路径选择——以河南省南阳市为例 [J]．农村经济与科技，2018，29（19）：277 - 279.

　　[96] 农民日报评论员．始终强化人才振兴硬支撑 [N]．农民日报，2018 - 03 - 10.

　　[97] 潘墨涛．培养造就新型农民队伍 [N]．人民日报，2020 - 11 - 18.

　　[98] 潘兴贵．大观区：积极探索新型职业农民培育模式　为乡村振兴

增添新动能［EB/OL］. 安庆市大观区人民政府网, http：//www. aqdgq. gov. cn/, 2020 - 10 - 20.

［99］蒲实, 孙文营. 实施乡村振兴战略背景下乡村人才建设政策研究 ［J］. 中国行政管理, 2018（11）: 90 - 93.

［100］戚忠娇. 我国新型职业农民素质培养问题研究［D］. 沈阳: 沈 阳师范大学硕士学位论文, 2014.

［101］钱再见, 汪家焰. "人才下乡": 新乡贤助力乡村振兴的人才流入 机制研究——基于江苏省 L 市 G 区的调研分析［J］. 中国行政管理, 2019 （2）: 92 - 97.

［102］茹蕾, 杨光. 日本乡村振兴战略借鉴及政策建议［J］. 世界农 业, 2019（3）: 90 - 93.

［103］盛宁. 荷兰农民职业教育对我国新型职业农民培育的启示［J］. 现代化农业, 2019（8）: 45 - 46.

［104］宋佳. 从"农民"到"职业"解读新型职业农民培育的临沂模式 ［EB/OL］. 凤凰山东网, http：//sd. ifeng. com/, 2015 - 05 - 24.

［105］孙志国, 刘红, 刘之杨, 熊晚珍, 钟儒刚. 武陵山片区恩施州智 力精准扶贫与乡村振兴战略研究——基于农业知识产权保护与智力资源开发 ［J］. 江西农业学报, 2018, 30（5）: 135 - 141.

［106］索晓霞. 乡村振兴战略下的乡土文化价值再认识［J］. 贵州社会 科学, 2018（1）: 4 - 10.

［107］谭英, 胡玉鑫. 家文化建设与乡村振兴实践探索［J］. 西北农林 科技大学学报（社会科学版）, 2018（4）: 43 - 47.

［108］唐任伍, 郭文娟. 乡村振兴演进韧性及其内在治理逻辑［J］. 改 革, 2018（8）: 64 - 72.

［109］唐兴军，李定国．文化嵌入：新时代乡风文明建设的价值取向与现实路径［J］．求实，2019（2）：86－96．

［110］田书芹，王东强．论新型城镇化进程中新型职业农民社区教育模式创新［J］．继续教育研究，2016（6）：30－31．

［111］童洁，李宏伟，屈锡华．我国新型职业农民培育的方向与支持体系构建［J］．财经问题研究，2015（4）：91－96．

［112］王斌通．新时代"枫桥经验"与基层善治体系创新——以新乡贤参与治理为视角［J］．国家行政学院学报，2018（4）：133－139．

［113］王超，蒋彬．乡村振兴战略背景下农村精准扶贫创新生态系统研究［J］．四川师范大学学报（社会科学版），2018（3）：5－15．

［114］王国庆．加快培育新型职业农民　努力提高营农收入［J］．新农村，2012（5）：14－15．

［115］王红宝，杨建朝，李美羽．乡村振兴战略背景下田园综合体核心利益相关者共生机制研究［J］．农业经济，2019（10）：24－26．

［116］王辉，刘冬．美国农业职业教育与培训的经验与启示［J］．中国人力资源开发，2014（1）：80－83．

［117］王景新，支晓娟．中国乡村振兴及其地域空间重构——特色小镇与美丽乡村同建振兴乡村的案例、经验及未来［J］．南京农业大学学报（社会科学版），2018，18（2）：17－26．

［118］王敬尧，王承禹．农业规模经营：乡村振兴战略的着力点［J］．中国行政管理，2018（4）：91－97．

［119］王林龙，余洋婷，吴水荣．国外乡村振兴发展经验与启示［J］．世界农业，2018（12）：168－171．

［120］王林榕．新型职业农民培训意愿的影响因素分析［J］．浙江农业

科学，2017（11）：2055 – 2057.

[121] 王素清. 农民培育面临的问题及解决路径 ［J］. 农业技术与装备，2014（3）：56 – 57.

[122] 王伟健. 新型职业农民在成长 ［N］. 人民日报，2019 – 03 – 19.

[123] 王晓涵，康纪芹. 我国新型职业农民培育研究：回顾与展望 ［J］. 职教论坛，2017（12）：56 – 59.

[124] 王秀华. 新型职业农民教育管理探索 ［J］. 管理世界，2012（4）：179 – 180.

[125] 王钰. 湖南省新型职业农民培育问题研究 ［J］. 经贸实践，2017（3）：45 – 48.

[126] 魏后凯. 如何走好新时代乡村振兴之路 ［J］. 人民论坛·学术前沿，2018（3）：14 – 18.

[127] 魏学文，刘文烈. 新型职业农民：内涵、特征与培育机制 ［J］. 农业经济，2013（7）：73 – 75.

[128] 文军. 大力培育新型职业农民 ［N］. 光明日报，2019 – 02 – 12.

[129] 文琦，郑殿元. 西北贫困地区乡村类型识别与振兴途径研究 ［J］. 地理研究，2019，38（3）：509 – 521.

[130] 吴理财，解胜利. 文化治理视角下的乡村文化振兴：价值耦合与体系建构 ［J］. 华中农业大学学报（社会科学版），2019（1）：16 – 23.

[131] 吴秀云. 2018 年河南省新型职业农民培育工作思路与措施 ［J］. 河南农业，2018（1）：12.

[132] 吴忠权. 基于乡村振兴的人力资本开发新要求与路径创新 ［J］. 理论与改革，2018（6）：44 – 52.

[133] 吴重庆，张慧鹏. 小农与乡村振兴——现代农业产业分工体系中

小农户的结构性困境与出路［J］．南京农业大学学报（社会科学版），2019，19（1）：13－24．

［134］［美］西奥多·W. 舒尔茨．改造传统农业［M］．梁小民译．北京：商务印书馆，2010．

［135］萧子扬，黄超．新乡贤：后乡土中国农村脱贫与乡村振兴的社会知觉表征［J］．农业经济，2018（1）：74－76．

［136］辛宝英，安娜，庞嘉萍．人才振兴：构建满足乡村振兴需要的人才体系［M］．郑州：中原农民出版社，红旗出版社，2019．

［137］徐勇．乡村文化振兴与文化供给侧改革［J］．东南学术，2018（5）：132－137．

［138］徐涌，戴国宝．我国新型职业农民培育问题与对策研究［J］．成人教育，2013（5）：77－79．

［139］许浩．培育新型职业农民：路径与举措［J］．中国远程教育，2012（11）：70－73．

［140］闫志利，蔡云凤．新型职业农民培育：历史演进与当代创新［J］．职教论坛，2014（19）：59－64．

［141］杨海．昆明呈贡新区建设中的新型职业农民培训问题研究［D］．武汉：华中师范大学硕士学位论文，2015．

［142］杨丽丽．乡村振兴战略与农村人力资源开发及其评价［J］．山东社会科学，2019（10）：147－152．

［143］杨柳，杨帆，蒙生儒．美国新型职业农民培育经验与启示［J］．农业经济问题，2019（6）：137－143．

［144］杨璐璐．乡村振兴视野的新型职业农民培育：浙省个案［J］．改革，2018（2）：132－145．

［145］杨露，何琳，李娴竹．新型职业农民培育的制约因素探究［J］．农村经济与科技，2016（11）：254－255．

［146］杨琴，黄智光．新型社会组织参与乡村治理研究——以乡贤参事会为例［J］．理论观察，2017（1）：100－104．

［147］杨燕．论新型城镇化背景下新型职业农民的素质要求与培育［J］．职教通讯，2014（16）：62－65．

［148］叶诗凡．乡村振兴下我国农村电商精准扶贫的新路径［J］．电子商务，2019（4）：6－8．

［149］殷梅英．以组织振兴为基础推进乡村全面振兴［J］．中国党政干部论坛，2018（5）：86－88．

［150］岳凤兰．为乡村振兴提供人才支撑［N］．经济日报，2020－10－27．

［151］曾雅丽，李敏，张木明．国外农民培训模式及对我国新型农民培养的启示［J］．职业时空，2012，8（6）：77．

［152］曾一春．开展新型职业农民和农村实用人才认定的思考［J］．农村工作通讯，2015（13）：7－9．

［153］曾一春．完善制度设计　强化实践探索［N］．农民日报，2012－06－12（3）．

［154］张碧星，周晓丽．乡村振兴战略下的乡村旅游产业选择与成长［J］．农业经济，2019（6）：51－52．

［155］张海鹏，郜亮亮，闫坤．乡村振兴战略思想的理论渊源、主要创新和实现路径［J］．中国农村经济，2018（11）：2－16．

［156］张静．乡村振兴与文化活力——人类学参与观察视角下浙江桐乡M村经验分析［J］．中华文化论坛，2018（4）：112－116．

［157］张俊，陈佩瑶．乡村振兴战略实施中内生主体力量培育的路径探析——基于韩国新村运动的启示［J］．世界农业，2018（4）：151－156.

［158］张明媚．新型职业农民内涵、特征及其意义［J］．农业经济，2016（10）：66－67.

［159］张水玲．新型职业农民教育培育需处理好的五大关系［J］．农业经济，2016（9）：64－66.

［160］张文君．国外职业农民培育对我国的启示［N］．农民日报，2016－05－17.

［161］张晓山．实施乡村振兴战略的几个抓手［J］．人民论坛，2017（33）：72－74.

［162］张译木．培育新型职业农民　实现乡村全面振兴［N］．光明日报，2020－05－06.

［163］章炳杰．浅析新型职业农民教育存在的问题及对策［J］．农村经济与科技，2017（6）：269，275.

［164］赵帮宏，张亮，张润清．我国新型职业农民培训模式的选择［J］．高等农业教育，2013（4）：107－112.

［165］赵广帅，刘珉，高静．日本生态村与韩国新村运动对中国乡村振兴的启示［J］．世界农业，2018（12）：183－188.

［166］赵娜娜．如何培养新型职业农民？河北探索出六大模式［N］．农民日报，2018－10－19.

［167］赵秀玲．乡村振兴下的人才发展战略构想［J］．江汉论坛，2018（4）：10－14.

［168］赵毅，张飞，李瑞勤．快速城镇化地区乡村振兴路径探析——以江苏苏南地区为例［J］．城市规划学刊，2018（2）：98－105.

[169] 赵永田，陈文，兰贵全．基于 SWOT 分析的远程教育培育新型职业农民的发展战略思考 [J]．安徽农业科学，2015（8）：350 – 352．

[170] 赵忠．探索精准高效新型职业农民培育新模式 [N]．农民日报，2018 – 03 – 31．

[171] 郑兴明．乡村振兴的东亚经验及其对中国的启示——以日本、韩国为例 [J]．兰州学刊，2019（11）：200 – 208．

[172] 仲彦鹏，李海燕．德国农民职业教育对我国新型职业农民培育的启示 [J]．现代化农业，2018（7）：47 – 48．

[173] 周芳玲，肖宁月，刘平．农职院校参与新型职业农民培育研究 [J]．经济问题，2016（8）：94 – 97．

[174] 周立．乡村振兴的核心机制与产业融合研究 [J]．行政管理改革，2018（8）：33 – 38．

[175] 周一波，储健．培养新型职业农民的途径及政策保障 [J]．江苏农业科学，2012（12）：403 – 405．

[176] 周应良．大理州探索构建新型职业农民培育新模式 [N]．大理日报，2015 – 12 – 14．

[177] 朱奇彪，米松华，杨良山．新型职业农民及其产业发展影响因素分析——以浙江省为例 [J]．科技通报，2013（11）：218 – 223．

[178] 朱启臻，闻静超．论新型职业农民及其培育 [J]．农业工程，2012（1）：1 – 4．

[179] 朱启臻．新型职业农民的内涵特征及其地位作用 [J]．中国农业信息，2013（17）：16 – 18．

[180] 朱启臻．新型职业农民与家庭农场 [J]．中国农业大学学报，2013（2）：32．

［181］朱启臻. 关于乡村产业兴旺问题的探讨［J］. 行政管理改革，2018（8）：39 - 44.

［182］朱先太，保积玲. 互助县"菜单式""分段式"培育新型职业农民成效显著［EB/OL］. 中国农村远程教育网，https：//www. ngx. net. cn/，2015 - 09 - 23.

［183］庄西真. 从农民到新型职业农民［J］. 职教论坛，2015（10）：23 - 28.

后　记

　　恩施州是全国集中连片特困地区，是湖北省重要的生态功能区。恩施州决胜全面建成小康社会，开启建成全国先进自治州，最艰巨、最繁重的任务在农村，最广泛、最深厚的基础在农村，最大的潜力和后劲也在农村。加快实施乡村振兴与新型职业农民培育，有利于恩施州贯彻落实习近平总书记关于"三农"工作的重要论述和视察湖北重要讲话精神，落实党中央的决策部署和省委省政府工作要求的使命与担当；有利于巩固脱贫攻坚成果，是推进农业农村高质量发展的必然要求；有利于改善农村人居环境，建设美丽乡村，创建国家全域旅游示范区的重大举措；有利于传播文明乡风，建设全国民族团结进步示范区的有力抓手；有利于提升治理能力，推动实现乡村治理现代化的重要途径；有利于建设富裕乡村，加快实现全面小康的必由之路。

　　本书的写作缘起于对恩施州农业农村情况的调查。由于工作的需要，2019年3月，有机会再次深入恩施州各乡村进行深入的农业农村经济发展与乡村振兴实施情况的全面调查。还清晰记得2009年第一次深入恩施州各乡村进行广泛的田野调查，如今，已经是第二次深入恩施州乡村进行田野调查，刚好是在10年之后，因此，感慨颇深。

恩施州的农业取得了突飞猛进的发展，重要农产品的有效供给更加稳定，小型机械化更加普及，特色产业规模逐步壮大，绿色有机食品质量逐步提升，农业富硒品牌的影响力在进一步增强……

恩施州的农村发生了翻天覆地的变化，乡村的主要道路已经全部硬化，村庄环境更美了，乡村的小溪更清澈了，村庄道路更宽阔了，村庄卫生更加洁净了……

恩施州的农民实现了脱贫攻坚的伟大胜利，农民收入增加了，房子更加漂亮了，很多农户买小车了，小孩都到城里上学了，农民的获得感提升了，农民的幸福感增强了……

恩施州农业、农村、农民实现了历史性的飞跃，这得益于党和国家的精准扶贫政策，得益于乡村振兴战略的大力推动与实施……但这一切成绩的取得都离不开一个重要的要素——人才。乡村振兴，人才是基础。人才是乡村振兴的关键因素，如果没有人才的支撑，乡村振兴只能是一句空话，乡村建设也会变成"空中楼阁"。乡村人才振兴的关键因素是吸引更多"有文化、懂技术、会经营"的年轻人从事农业生产，并把农业生产作为终身职业，就是要让更多人才愿意来、留得住、干得好。因此，本书提出，坚持以习近平新时代中国特色社会主义思想为指导，深入贯彻落实党的十九大和十九届二中、三中、四中、五中全会精神，认真践行"五大发展"理念，围绕加快构建以国内大循环为主体、国内国际双循环相互促进的新发展格局，以实施乡村振兴战略为总目标，以大力实施新型职业农民培育为抓手，聚集资源要素，促进人才要素在城乡之间双向自由流动，让农民真正成为有吸引力的职业，让农业成为有奔头的产业，让农村成为安居乐业的美好家园，为农业现代化建设提供坚实的人力基础和保障。

本书历时两年时间酝酿、讨论、调查、撰写、讨论、修订等一系列的过程才完成初稿，这得益于恩施州农业农村局的大力支持，为本书的完成提供了大量的统计数据、政策文件以及实践经验案例作为支撑，同时给予了大量的指导和帮助，在此表示特别感谢。另外，还要特别感谢湖北恩施学院的孙江艳老师，她主要负责第一章、第二章以及第七章（合计约 5.5 万字）的撰写与修订。本人主要负责第三章、第四章、第五章以及第六章（合计约 10.5 万字）的撰写与修订。同时，也要特别感谢研究生丁洁莹同学、肖祥炜同学为本书的校稿、修改提供的大量支持和帮助。

本书的研究还处于一个浅层次的探索阶段，还有很多不足的地方，比如，对国内外新型职业农民培育实践模式的总结还有很多不足之处，其中，在国外实践模式中，法国、澳大利亚、英国、加拿大、以色列等国家的新型职业农民培育也做得比较成功，但由于受到资料收集及其他方面因素的限制，无法系统地总结出来。另外，关于恩施州新型职业农民培育的实践模式的归纳总结还有待进一步的提升和完善。这些问题也成为我们未来研究的新课题，我们希望在未来可以继续进行深入探索和研究。